TRANSFORMA TU MATRIMONIO
PARA TODA LA VIDA

LA RECETA DEL AMOR

PETER N LILI

Con la colaboración de
Miriam Susunaga-McCutcheon

LA RECETA DEL AMOR
Es una publicación de Peter N Lili

Romance Divino Publishing
Mansfield., TX 76063

1ª Edición: Febrero 2016
Copyright © 2016 Peter n Lili

Edición y redacción: *Míriam Susunaga-McCutcheon*
Colaboración en corrección: *Lupita Susunaga Navarro y David Enríquez*
Diseño de interiores y diagramación: *Walter Jiménez Grajeda*
Diseño de la portada: *Peter Torres*

Impreso en USA
Printed in USA

ISBN-13: 978-1519765802
ISBN-10: 151976580

Agradecimientos

Mientras meditamos en estas líneas de agradecimiento, vienen a nuestra mente su amor incondicional y su favor que nunca nos han faltado. Su gracia es tan grande que rescató y restauró nuestro matrimonio. Dios ha sido nuestra fuerza, guía, refugio y razón de vivir. Sin él nada de lo que hacemos tendría sentido. Él nos ha otorgado la oportunidad de compartir episodios de nuestras vidas con el propósito de animar a los matrimonios y familias a continuar la carrera de la vida y vencer los obstáculos con alegría en el corazón. Gracias a Dios por todo lo que ha hecho por nosotros.

A todas las personas que se han cruzado en nuestro camino, gracias. ¿A todos? Sí. Tanto a quienes nos han inspirado a realizar cambios y buscar nuevas alternativas para aprender y crecer; como a quienes, a través de sus fracasos, nos han motivado a luchar y ser mejores.

A Miriam Susunaga-McCutcheon por su dedicación, profesionalismo, talento, esfuerzo e interés genuino al ayudarnos a hacer posible este libro. Su aportación es de mucho valor. Eternamente agradecidos con ella.

A Kiko e Irma Saenz, cuya sencillez, amor, sabiduría y honestidad son inestimables, y cuyo matrimonio e hijos nos inspiran, porque a través de ellos confirmamos que sí se puede tener una familia divina en la tierra. Nunca olvidaremos el gran cariño que nos mostraron cuando los conocimos. Su amistad y consejos reflejan fielmente su amor por Cristo e impactan nuestras vidas. Sabemos que siempre contamos con ellos.

A nuestros hermosos sobrinos Valentina, Erik Roberto Jr., Sarah Isabella, Michelle, Jazmin, David Andre, Celine, Erik Rodrigo, Gierry Gerard y William, por ser fuerza de amor y fuente de felicidad en nuestras vidas.
A los pastores y líderes de matrimonios que a través de Estados Unidos y Latinoamérica nos han dado la oportunidad de compartir, a través de conciertos, plenarias y conferencias, lo que Dios ha hecho en nuestro matrimonio y nuestra vida. Su cariño y apoyo nos anima a continuar.

A todas las personas que han asistido a nuestros eventos, a quienes nos han apoyado comprando nuestro material y a quienes han compartido con nosotros sus experiencias personales, que nos inspiran, mil gracias.

Agradecemos a las personas que nos enviaron sus historias para ser incluidas en este libro y enriquecerlo. Sus testimonios personales nos impulsan a continuar en el ministerio de reanimar y motivar a los matrimonios a persistir en la lucha para obtener un matrimonio único y especial, lleno de armonía y amor, y enfrentar toda situación con la ayuda de Dios. Sus historias serán una gran bendición para miles de personas.

A nuestros amigos de Facebook, que nos llenan de alegría y amor todos los días con sus mensajes de bendición. Sus palabras nos inyectan dosis de ánimo para seguir dando lo mejor de nosotros. Gracias por su apoyo y su cariño constante.

A David Enríquez, gran persona, excelente amigo y escritor. La conversación que tuvimos con él acerca de sus publicaciones despertó en nosotros el deseo de retomar el proyecto de escribir este libro, el cual habíamos abandonado por un par de años. Le agradecemos, también, por colaborar en la revisión de *La receta del amor*.

Lili

Te agradezco, Peter, por ser un hombre que busca la sabiduría divina y por tu pasión por Dios, por mí tu esposa, por tus hijos y por el precioso ministerio que el Señor nos ha permitido desarrollar. Por tu entrega y compromiso, por tu búsqueda de la excelencia, por ser trabajador y muy responsable, por cumplir tu palabra, por saber escuchar y reconocer tus errores, por tu sencillez y humildad, por tu esfuerzo para mejorar en cualquier área, gracias.

Por lo mucho que he aprendido de ti, por ser una mujer plena a tu lado, por impulsarme y animarme a mejorar y crecer, a ti, mi mejor amigo y único amante, gracias. ¡Porque todo eso te vuelve más grande ante mis ojos y me llena de admiración y respeto, amor de mi vida, gracias!

A ti mi precioso hijo Jordano que, con tu cariño, sonrisa y constante anhelo de escuchar una historia bíblica, me motivas a seguir firme en la convicción de mantener mi matrimonio en amor y unidad en la familia.

A ti mi princesa Kiara, porque a tu corta edad (siete años), eres muy activa y muestras iniciativa propia para realizar todo apasionadamente. Verte me motiva a mantener esa pasión y un propósito en todo lo que hago.

Olguita: eres una gran suegra. Me saqué la lotería contigo. Gracias por amarme tal cual soy, por tu disposición y alegría para ayudarnos con nuestros hijos, lo cual trae paz a mi corazón de madre. Gracias por apoyarnos moralmente en nuestros proyectos. Por tus consejos y palabras de vida, estoy muy agradecida. Te amo.

Mike, mi hermano mayor, gracias por haber descubierto en mí el talento de la voz. Me introdujiste en un mundo excepcional que disfruto el día de hoy. Reconoces todo lo que hay de bueno en mí, lo cual es una bendición. Tu apoyo incondicional y tu pasión en todo me motivan. Te amo mucho hermanito.

Laurita, tu alegría, ánimo, amistad, las vivencias difíciles y alegres en tu matrimonio me han motivado como mujer a crecer y comprender aún más a las parejas. Dios te bendiga, bella. Te quiero mucho.

Miguel Rosario y Patricia de Rosario: Padres, gracias por la vida que me dieron, sus enseñanzas, esfuerzos y sacrificios. Tus consejos, madre mía, los atesoro en mi corazón, y tu servicio a los demás me motiva cada día. Gracias a ambos por su amor y sus oraciones. Los amo muchísimo.

Gerry y Celine: Gracias por ser un matrimonio unido y entregado. Hermanito, aprecio inmensamente tu transparencia y honestidad. Tu análisis profundo de la vida a través de la palabra de Dios me inspira a dar lo mejor de mí.

Claudia y Andrés: Gracias, porque sus victorias sobre los procesos y luchas que han tenido a través de su matrimonio son un ejemplo para nosotros de que todo se puede con la ayuda divina.

Peter

Te agradezco, Lili, esposa mía, por tu corazón generoso que me perdonó a pesar de haber fallado. Mi compromiso contigo es para toda la vida, la cual deseo terminar a tu lado. Te admiro y valoro tu dedicación como esposa y madre. Eres lo mejor que me ha sucedido en la vida y mi gran tesoro por siempre. Te amo.

Hijos, Jordano y Kiara, su amor, paciencia, ternura e inocencia han cambiado mi vida. Les agradezco por darnos el espacio y la compresión que necesitamos para la realización de nuestro trabajo, y por recibirnos de regreso en casa siempre con una sonrisa cuando salimos de viaje sin ustedes. Los amo con todo el corazón.

A ti madre, Olguita, gracias infinitas, porque tu ayuda, sabiduría, consejos y dedicación a nuestra familia nos permiten efectuar el trabajo que Dios nos encomendó. ¡Qué mujer tan maravillosa eres, madre! ¡Te amo!

Erik y Mayra, matrimonio joven con convicciones firmes y gran sabiduría que impactan nuestras vidas, gracias. Los admiro.

Don Pedro Torres Lomelí: Gracias, padre, por enseñarme a servir a Dios en todo lugar.

Denise y Rene, gracias por su apoyo incondicional y por el amor que brindan a Jordano y Kiara. Son unos tíos ejemplares. Los amo.

Mike y Laura Rosario: Me llena de gozo ver el poder trasformador de Dios en su matrimonio. Gracias por ser una inspiración en mi vida y mis mentores desde mi juventud.

Índice

Introducción

Peter: Llegué cansado de la oficina al departamento donde vivíamos. Había sido un día largo y muy estresante. Al abrir la puerta percibí la tensión y la soledad que reinaba ahí dentro. Cuando entré a la sala vi dos bolsas negras de plástico, de las que se usan para la basura. Ella estaba sentada en el comedor.

Lili: Al verlo entrar levanté inmediatamente mi cabeza y le dije con voz firme, sin exaltarme: «Ahí está tu ropa en esas bolsas. Hoy investigué sobre el divorcio. Vete por favor. No tiene caso seguir matándonos en vida».

Peter: Había lágrimas en sus ojos y su boca temblaba. Podía ver el dolor en su rostro.
Me quedé mudo, sin saber qué hacer ni qué decir.
¡Me tomó por sorpresa!
Habíamos venido discutiendo por meses. Las diferencias se acrecentaban cada vez más. Habíamos construido una barrera que no nos permitía avanzar. Cualquier tipo de conversación se convertía en pleito. Incluso el desacuerdo más pequeño se volvía un gran problema.

Si en nuestra plática nos referíamos a los padres o a los hermanos del otro, lo hacíamos con sarcasmo y crítica para lastimarnos. Pronunciábamos las palabras que sabíamos penetrarían hiriendo hasta lo más profundo del alma. En varias ocasiones hablamos sobre separarnos, pero ese día parecía el definitivo. Había llegado el momento de la verdad.

Lili: Me levanté de la mesa, di la media vuelta, me dirigí hacia la recámara y cerré la puerta. Lloré amargamente por la muerte... sí, por la muerte de nuestro amor. Decidí enterrar todos los recuerdos, la pasión y el amor. No tenía sentido vivir como perros y gatos. Seguramente él tendría la oportunidad de encontrar a alguien que lo hiciera feliz, ya que yo lo hacía miserable.

Peter: Esta vez no hubo indicios de discusión o exaltación, ni el intento de hacerme entender alguna razón. Un frío intenso inundó mi cuerpo. Sentí un gran peso en mi espalda. Me quedé parado, sin palabras, tontamente mudo de impotencia. Me senté en la alfombra y me recargué en el sillón.

Muy dentro de mí anidaba el anhelo de que ella saliera de la habitación y pudiésemos dialogar. Esperé y esperé, pero no salía de mi boca ni una sola palabra que la motivara a regresar a la sala. Quise tocar la puerta de la habitación para pedirle que habláramos una vez más, pero fallé en el intento. Pensé que quizá se había enterado del secreto que llevaba dentro de mí.

Sin duda el orgullo es una avenida de tentación. Es un mal que no te permite ver con claridad. Es un estado mental que inhibe los sentimientos profundos del amor, impide acercarnos el uno al otro y construye una barrera en el corazón y en la mente, en tal magnitud que quedas a la deriva, en presencia de la obscuridad. En otras palabras, ¡entregas tu alma al diablo!

Las preguntas eran ¿cómo fue que llegamos hasta aquí? ¿En qué punto habíamos perdido la esencia de dos enamorados? ¿Dónde quedaron los sueños, las palabras que salieron del corazón, las promesas en el altar frente a Dios, la familia y amigos? ¿Adónde se habían ido aquellos momentos hermosos, dibujados en la foto del alma, donde escribimos una historia que nunca terminaría, y los sentimientos que nos deslumbraron hasta quedar sin aliento por eso que llamamos amor?

Existen miles de matrimonios que habitan juntos solo por los hijos, por el qué dirán o por el estatus social y religioso. Parejas que, sin propósito, coexisten como dos extraños en la misma habitación, donde todo es **rutina** y la conformidad es el pan de cada día; donde la pasión no existe, la intimidad es una obligación, no un deleite; la entrega es comprada y el amor vendido.

Hay hogares donde el cónyuge se muestra misterioso y guarda secretos acerca de su vida; o en donde se vive con heridas o rencores contra la pareja, conservándolos por muchos años, sin que esta lo sepa. Es decir, relaciones en las cuales no existe comunicación.

¿En qué consiste el secreto de los matrimonios que se aman, que no han perdido el primer amor, que cada día se levantan pensando en conquistar el corazón de su amada o amado? ¿Cuál es el secreto de quienes se estremecen todavía ante el ser amado, sienten mariposas en el estómago ante su presencia, se sonrojan al escuchar una palabra de sus labios, y siguen soñando y creyendo que el amor no tiene final?

Hemos escarbado en los pensamientos de la luz y hemos encontrado los ingredientes que han transformado nuestro matrimonio y nos han dado una fresca y renovada relación. Estamos convencidos que estos ingredientes son esenciales para lograr un matrimonio saludable y llegar a ser UNO en el Señor, tal como lo describe el gran Maestro, el Creador de todas las cosas, con respecto al matrimonio.

Con un matrimonio enfermo y al filo del divorcio, llegó un mejor día para nosotros: encontramos *"La receta del amor"* cuyos secretos deseamos compartir contigo.

No importa en qué estado se encuentra su matrimonio el día de hoy, sea de fracaso, desesperación, o se hallen en una buena relación, tengan la certeza de que Dios tiene un mejor mañana para su matrimonio.

¿Cómo comenzar?

Receta 1

"Si Jehová no edificare la casa, en vano trabajan los que la edifican; si Jehová no guardare la ciudad, en vano vela la guardia".

Salmos 127:1 (RVR1960)

Quizá están pasando por el momento más amargo de su vida o están a punto de separarse. Tal vez sienten que ya no pueden más y que su corazón se ha roto. ¿Acaso están pasando por una etapa de conformidad dentro del matrimonio, donde todo es rutina y sienten que no tiene caso mejorar su relación ni pedir ayuda, o creen que no tienen esa necesidad? ¿Creen que leer libros y recibir consejería es para tontos que no saben pensar, o que hablar de Dios es un amuleto para dar paz a la consciencia de los mentalmente débiles?

Tal vez experimentan un buen momento en su vida y se hallan buscando una herramienta para seguir creciendo. No importa la situación por la que estén pasando o lo que ocupe su mente, porque, si realmente lo desean, pueden lograr el matrimonio y la relación que soñaron cuando se conocieron y se enamoraron.

Para comenzar, necesitan establecer una base. Toda edificación necesita buenos cimientos para que sea estable y permanezca en pie, y el matrimonio es una de ellas. Solo existen dos tipos de constructores: quienes edifican sobre la Roca y quienes no lo hacen así.

"Así pues, todo el que oiga estas palabras mías y las ponga en práctica, será como el hombre prudente que edificó su casa sobre roca: cayó la lluvia, vinieron los torrentes, soplaron los vientos, y embistieron contra aquella casa; pero ella no cayó, porque estaba cimentada sobre roca. Y todo el que oiga estas palabras mías y no las ponga en práctica, será como el hombre insensato que edificó su casa sobre arena: cayó la lluvia, vinieron los torrentes, soplaron los vientos, irrumpieron contra aquella casa y cayó, y fue grande su ruina" (Mateo 7: 24-27).

La casa representa su matrimonio y la Roca es Jesús. Para que su matrimonio sea tan sólido que las tormentas de la vida nunca puedan derribar, deben edificarlo sobre la Roca divina, que es Cristo.

De nada sirve el romanticismo, hablar con amor, tomar consejería, desempeñar un ministerio, ser excelentes padres, satisfacer los deseos sexuales de su cónyuge, pasar juntos vacaciones, si Dios no es el centro de su hogar. No tiene sentido darles consejos sobre el matrimonio o sobre el amor, si no permiten que a Dios tomar control total de sus vidas. Si no le permiten ser su guía, leer este libro o cualquier otro será una pérdida de tiempo.

No existe ninguna fórmula mágica que genere amor, respeto, paciencia, humildad, amabilidad, ternura, comprensión, perdón y satisfacción, si no incluye el ingrediente principal que es Dios.

Antes de buscar ayuda para su relación deben acercarse y entregarse por completo a él, y reconocer ante su presencia que ustedes solos no son capaces de lograr el cambio. El único que puede hacerlo es Dios, pero para que esto suceda necesitan nacer de nuevo y reconocer a Jesucristo como su Señor y Salvador. La Biblia declara que quien recibe y confiesa a Jesucristo, el Hijo de Dios, como su Señor y Salvador, recibe la vida eterna y el perdón de sus pecados. Hoy es tu día de salvación, si así lo decides.

Un grupo de ranas viajaban por el bosque y repentinamente dos de ellas cayeron en un pozo profundo. Mientras saltaban lo más alto posible para poder salir de ahí, las otras se reunieron alrededor del agujero para ver lo que había sucedido con las caídas. Entonces se percataron de cuán hondo era aquel hoyo.

-Es imposible salir de este pozo -le dijeron las otras ranas-. Mejor dense por muertas.

Ellas, no obstante, seguían intentando salir del agujero, saltando con todas sus fuerzas. Las otras persistían en asegurar que todo esfuerzo para salir de aquel lugar tan profundo sería inútil. Finalmente, una de las ranas atendió las palabras de aquellas, se dio por vencida y murió.

La otra continuó saltando con tanto esfuerzo como le era posible. Las ranas, sin embargo, continuaban insistiendo que era inútil seguir saltando, pero ella brincaba cada vez con mayor fuerza, hasta que finalmente salió del hoyo.

-¿No escuchabas lo que te decíamos? -le preguntaron curiosas las otras ranas.

-No oigo bien -les explicó la ranita-. Yo creí que ustedes estaban animándome desde el borde del agujero a esforzarme para salir.

Seguramente a su alrededor se encuentran personas que les aconsejan separarse de su pareja porque su relación no va a mejorar, ya que la gente no cambia. ¿Ya no desean seguir dando y esforzándose porque no ven un cambio en su cónyuge o por temor a seguir siendo lastimados? Rodéense de personas que levanten su ánimo y espíritu y les hablen de Dios.

Hay miles de matrimonios con problemas y situaciones más graves que las de ustedes, sin embargo han sido restaurados por el poder divino. Cierren sus oídos a las personas negativas respecto al matrimonio, quienes, lamentablemente y en muchos casos, son las más cercanas a uno. Deben seguir luchando. ¡Ánimo!

La palabra tiene poder de vida y de muerte. La voz de aliento y las frases amables dan ánimo y ayudan en momentos difíciles, mientras que las palabras y el espíritu negativo destruyen.

Frecuentemente se expresan palabras que roban al cónyuge el ánimo que le permite seguir la lucha en medio de tiempos difíciles. Sean prudentes con sus palabras, con lo que escuchan y a lo que ponen atención.

No centren su atención en las actitudes negativas que pueden llevar su matrimonio a la ruina, antes bien, busquen lo positivo en su pareja, presten atención al consejo divino y sobre este cimiento edifiquen la felicidad de su vida matrimonial. Para ello deben acudir a su Palabra, que les ayudará a echar buenos cimientos en su matrimonio. A partir de allí, podrán añadir otros ingredientes que en este libro presentamos. ¿Qué clase de constructores son ustedes?

Nuestro propósito en este libro es presentarles la receta original del *diseño divino* para el matrimonio. Nuestra intención no es ocultar a Dios y su Palabra detrás de frases bonitas que endulzan el oído, ni darles consejos que, después de cierto tiempo, serán olvidados y hará que su relación vuelva al estado anterior o incluso a uno peor.

Nuestra intención no es venderles la religión, sino que comprendan que una comunión con Dios es vital para su desarrollo personal, espiritual, físico, mental, matrimonial, familiar y financiero.

⁄∞ Receta 1: Edifiquen su hogar

Primero queremos presentarlos ante Dios. Si ya le entregaron su vida en el pasado, pueden pedirle perdón y reconciliarse con él en este momento. Si todavía no se la han entregado, solo necesitan hacer la oración de FE y confesarle sus pecados, arrepentirse por el pasado y los errores del ayer, y serán limpios por completo. Experimentarán un nuevo comienzo. Volverán a nacer, y dejarán el pasado atrás. Si así desean hacerlo, oren con nosotros:

Padre Nuestro que estás en los cielos, santificado sea tu nombre. Vengo delante de ti arrepentido de todos mis pecados y errores. Hoy quiero entregarte mi vida y mi corazón. Vengo delante de ti para recibir el regalo que tú me das, tu hijo Jesucristo, como mi Señor y Salvador. Lo recibo en mi corazón, en mi mente y en todo mi ser. Recibo el perdón de mis pecados por la sangre de Cristo que me limpia de todo pecado. Ya no hay más condenación para mí a partir de este momento. Recibo la vida eterna que me das y prometo buscarte y estudiar tu Palabra para que me enseñes a vivir. En el nombre de Jesús, amén.

¡Felicidades y bienvenidos a la familia de Dios! La mejor decisión de sus vidas ha sido tomada. Ahora preparémonos para una jornada de recetas que avivarán el fuego del amor.

¿Qué hacemos?

Receta 2

"Haz tuyas mis palabras, hijo mío; guarda en tu mente
mis mandamientos.
Presta oído a la sabiduría; entrega tu mente a la
inteligencia.
Pide con todas tus fuerzas inteligencia y buen juicio;
entrégate por completo a buscarlos, cual si buscaras plata
o un tesoro escondido. Entonces sabrás lo que es honrar
al Señor; ¡descubrirás lo que es conocer a Dios! Pues el
Señor es quien da la sabiduría; [a] la ciencia y el
conocimiento brotan de sus labios".
Proverbios 2:1-6 (DHH)

Peter: Unos días después de que Lili me pidió dejar el
departamento donde vivíamos, me pregunté: *«¿Cómo será
mi vida sin ella? ¿Debo pedirle otra oportunidad?»* Sin embargo,
¡también creía que ella debía pedirme perdón! Y pensaba:
*«Esto ya no tiene solución. No somos compatibles. Nada la hace
feliz».*

Crecí dentro de un hogar cristiano y en la Iglesia. Por ser hijo de pastor, la gente siempre fijaba su mirada en mí, me señalaban y esperaban que fuera ejemplo para los demás. Al pasar los años me alejé de Dios y me enfoqué en ver y escuchar a la gente, en lugar de fijar mi mirada en Cristo. Me desvié del camino recto con amistades que vivían una existencia loca. Me dejé influir por ellos. Comencé a tomar y fumar; mis primos me daban marihuana; me llevaban a lugares donde se presentaban mujeres semidesnudas. Desarrollé un "ojo loco", con el que veía y deseaba a las mujeres.

En medio de esta situación de tristeza y dolor, reconocí mi error en las decisiones que tomé y en el trato que daba a Lili. Recordé lo que mi mamá me había enseñado de pequeño y, sobre todo, que había entregado mi vida a Dios antes de llegar a la adolescencia. Entendí que era el momento de poner en práctica todo lo que había aprendido en mi niñez.

Pedí sabiduría a Dios. Me di cuenta de que ella no era responsable de las consecuencias de mis malas decisiones y acciones equivocadas. Debía enfrentar mi realidad. Por fin me armé de valor y le pedí una oportunidad para intentar arreglar nuestra relación. Tal fue la decisión que cambió el rumbo de nuestro matrimonio.

Lili   Yo culpaba a Peter porque me lastimaba, no me dedicaba atención ni tiempo, ni me daba mi lugar delante de la gente y mucho menos ante su familia. Había secretos que nos dividían y alejaban. Estaba harta de esa situación y decidí que no la toleraría más.

Me había casado con Peter soñando que sería su princesa, su prioridad, su mejor amiga... Me sentía envuelta en una situación asfixiante. Era severa e inflexible conmigo misma. Todo lo negativo que pensaba de mí salía a relucir y me lastimaba a mí misma. Era víctima de mis propios sentimientos, los cuales me deprimían. Nada cambiaría mi decisión de divorciarme, pues mi dignidad de mujer no permitiría que él me humillara más y me tratara de una manera que yo no merecía.

Conforme fueron pasando esas semanas, sin embargo, algo comenzó a cambiar en mi interior. Yo había estado determinada a divorciarme, pero tenía la necesidad de llenar ese vacío dentro de mí. Entonces busqué a Dios cuando reconocí que yo sola no podía contra esa situación que me ahogaba. El orgullo me había llevado a aparentar delante de la gente que todo estaba bien, pero la amargura en mi corazón era inmensa. Necesitaba cambiar. Ya no quería vivir así.

Comencé a leer la Biblia y a buscar a Dios en oración. Le abrí mi corazón y derramé mis dolores y mis sentimientos ante él. Entonces una sanidad interior empezó a cambiar mi mente.

Las emociones desbordadas y que no son dominadas, no nos dejan ver, pensar, analizar ni tomar decisiones sabias. Los invito a dedicar tiempo para escuchar la voz de Dios a través de la Biblia, antes de destruir lo que Dios ha puesto en sus manos, y a enfrentar su realidad con sabiduría. El matrimonio es sagrado y un privilegio que uno puede disfrutar y vivir al máximo.

Todas las decisiones que tomamos, la administración del tiempo, las amistades, la actitud y la clase de alimentos que ingerimos afectan nuestra salud mental, corporal y espiritualmente.

La sabiduría es clave en dichos procesos. Es normal que nos equivoquemos, y seguramente en el pasado hemos cometido errores que dejaron huella en nuestra persona y en la de nuestro cónyuge.

Peter: Busquen la sabiduría. Quizás uno de los dos no desea comprometerse, no muestre cambios positivos, ignora a su pareja o persiste en discutir. Aunque haya heridas en sus corazones, no se desanimen. La situación cambiará para bien. Realicen el cambio en sus propias vidas y dejen en manos de Dios el cambio de su cónyuge. Oren por ambos. Permitan a Dios que pelee su batalla y él les dará la victoria. Piensen: «Yo no puedo cambiar a mi esposa, pero sí puedo cambiar yo y lo que a mí me corresponde».

Para encontrar sabiduría es necesario acudir a la fuente que la creó: ¡Dios! Él es el ejemplo para nuestra conducta y nuestra manera de vivir. Es quien otorga el poder para lograr una relación exitosa.

Las palabras que salieron ese día de mi boca fueron estas: «Hoy te pido una oportunidad para intentar una mejor relación y con la ayuda de Dios cambiaré mi comportamiento. *Reconozco* que no soy un esposo sabio, pero quiero aprender y someterme a Dios con todo mi corazón y mis fuerzas para permitirle realizar un cambio en mí».

Lili: Me quedé impactada por la petición que Peter me había hecho. Básicamente me pedía que le diera una oportunidad a Dios para trabajar en su vida y en mi vida, a fin de reconocer nuestros errores y enfrentar los conflictos y diferencias que nos habían conducido hasta esta situación. Todo ese tiempo habíamos tomado decisiones y actuado con base en nuestras emociones, sin analizar y pensar antes de hablar.

Me di cuenta de que yo también era culpable de la manera equivocada en que estábamos manejando nuestros conflictos. En varias ocasiones Peter había intentado arreglar los problemas, pero mi orgullo se había convertido en una barrera impenetrable que afectaba nuestro matrimonio.

Cuando me preguntaba qué me pasaba yo le contestaba muy seria que nada me sucedía. Dentro de mi corazón quería que insistiera, pero él se conformaba con mi respuesta y seguía adelante contento. Yo, entonces, me encerraba en mí misma y explotaba por dentro, tratando de no perder el control. No reconocía que con esta actitud no arreglábamos los problemas, sino que aumentaba el daño existente, alejándonos, sin comunicarnos por semanas.

Dolida, en mi soledad, me preguntaba: *«¿Por qué me casé con él?»* En cada conflicto que se presentaba pensaba en el divorcio. Esa era mi solución y escape, en lugar de enfrentar los problemas madura y sabiamente para buscar la reconciliación.

¡El amor! ¿Cuándo demostramos amor a nuestro cónyuge? ¿Dónde quedó ese amor que nos motivó unir nuestras vidas para siempre? Tengamos gracia y misericordia en nuestro matrimonio, así como la otorgamos a nuestros hijos. ¿O acaso alguna vez hemos pensado en divorciarnos de nuestros hijos o buscar otros?

Los problemas van y vienen. Nunca desaparecerán, por lo que es necesario aprender a enfrentar las batallas con sabiduría.

✐ Receta 2: Pide sabiduría

A.W. Tozer y J.I. Packer, han definido la sabiduría de la siguiente manera:

"La sabiduría posee una connotación moral [...] Es la habilidad de trazar metas perfectas y lograrlas por los medios más perfectos y efectivos. Es capaz de ver el final desde el principio, por lo que no hay necesidad de adivinar o conjeturar. La sabiduría ve todo en su real dimensión, cada cosa en relación adecuada a un todo y así ser capaz de trabajar hacia las metas prefijadas con una precisión perfecta".

"La sabiduría es el poder de ver y la inclinación de elegir la mejor meta y la más alta, junto con los medios más seguros de lograrla. De hecho, la sabiduría es el lado práctico de la bondad ética. De esta forma, la sabiduría solo la encontramos en Dios. Solo el es sabio en forma natural, completa e invariable".

¿Cómo obtenemos sabiduría? La recibimos de lo Alto: "*El temor de Jehová es el principio de la sabiduría, y el conocimiento del Santísimo es la inteligencia*" (Proverbios 9:10 RVR 1960). El temor de Dios implica respeto, reverencia, exaltación, fidelidad y obediencia a su divinidad y a su Palabra, fe y oración. Cuando actuamos siguiendo estos parámetros, por añadidura obtenemos su temor y sabiduría.

La sabiduría es benigna, pacífica, pura, amable, misericordiosa y da buenos frutos. Quien la adquiere la reflejará en su matrimonio. En la Palabra de Dios encontramos la guía que nos llevará a obtenerla y el Espíritu Santo es la luz que nos alumbra para encontrarla. A ella debemos recurrir.

Otros medios para aumentar la sabiduría son las enseñanzas obtenidas de los errores cometidos, las experiencias vividas personalmente o por otras personas.

La sabiduría se obtiene. No nacemos siendo sabios. Para ello debemos buscarla, adquirirla, aplicarla y retenerla.

El Señor creó el matrimonio en el Edén y su deseo es que gocemos nuestra vida conyugal. Edifiquemos nuestro hogar en sabiduría. La Biblia señala el camino para conseguirlo.

Un hombre y una mujer llevaban casados más de sesenta años. Habían compartido todo, platicaban de sus vivencias sin ocultar nada, y no había entre ellos secreto alguno que hubiese quedado sin ser revelado.

*Existía, sin embargo, una única cosa que no compartían. La esposa, por muchísimos años, había guardado en su ropero una caja que el esposo nunca abría y tampoco preguntaba qué contenía, porque ella así se lo había pedido. Durante todos esos años él nunca pensó en **la caja.***

Un día ella enfermó y el esposo se hallaba arreglando la casa y los artículos personales de su esposa. Al encontrarse con la caja, la tomó y la llevó a la cama donde su esposa permanecía enferma. Ella le dijo que era tiempo de que supiera lo que había adentro.

Cuando la abrió encontró dos muñecas de crochet (de punto) y una pila de dinero. ¡Eran veinte mil dólares! Él quedó grandemente sorprendido.

- ¿Por qué guardas estas muñecas en la caja? - preguntó el esposo.

- Cuando nos casamos, mi abuela me reveló el secreto de un buen matrimonio. Me aconsejó que, cada vez que me enojara contra ti y quisiera tirar la toalla, arreglara el problema contigo y que tejiera una muñequita de crochet como recordatorio de la victoria obtenida.

El esposo apenas pudo contenerse para no derramar lágrimas al darse cuenta de que solo había dos muñecas en la caja. Esto significaba que ella solo se había enojado con él dos veces en todos esos años llenos de amor y entendimiento. No podía creerlo.

- Mi amor —dijo él, sumamente conmovido-, ya entendí lo de las muñecas, pero, ¿el dinero de dónde salió?

- Ah —contestó ella-, ese dinero lo obtuve de las ventas de las muñecas durante todos estos años.

- ¿En cuánto vendías cada muñeca?

- A cincuenta dólares — contestó la esposa.

Es necesaria la SABIDURÍA para entender a nuestro cónyuge.

a) Tomen unos minutos juntos durante cada día para hablar con Dios en oración, preguntarse uno al otro cuáles son sus necesidades y llevarlas ante él. Cada día pidan sabiduría para enfrentar la situación que estén atravesando y para tomar decisiones correctas, a fin de que se haga la voluntad de Dios en sus vidas.

b) Lean una porción de la Biblia y mediten en ella todo el día.

Repitan esta declaración de forma individual: *Hoy reconozco que necesito ayuda y me comprometo a buscar a Dios. Apartaré un tiempo especial diariamente para leer su Palabra y orar. Hoy permito que Dios entre a mi vida para que permanezca en ella, me enseñe a vivir y amar a mi esposa(o).*

¿En qué área necesitamos sabiduría? Elaboren una lista de al menos cinco aspectos en los cuales personalmente necesitan sabiduría, ya sea espiritual, mental o físicamente. Sean abiertos y específicos, y preséntenla en oración ante el Padre. Les sorprenderá el cambio que Dios hará en sus cónyuges y en ustedes mismos.

Pueden pedir por su intolerancia, impaciencia, alimentación, toma de decisiones sabias, ejercicio, estrés, rencor, orgullo, manejo de las finanzas, entre otras.

Esposo

_____

_____

_____

_____

_____

_____

_____

Esposa

_____

_____

_____

_____

_____

_____

_____

¿Siguen enamorados?
Receta 3

"El amor jamás se extingue".
1 Corintios 13:8 (NVI)

Peter: Tres años y ocho meses duró nuestro noviazgo. Nuestros padres no aceptaban nuestra decisión de contraer nupcias, lo cual complicaba la realización de nuestros planes y sueños. El poco dinero que podía ahorrar con mi primer trabajo como profesionista, contador público, se lo enviaba a Lili desde Arizona a la Ciudad de México. A pesar de esos obstáculos, decidimos seguir adelante con nuestros planes de la boda. Nos amábamos y anhelábamos una vida juntos.

Por fin llegó el día. La ceremonia y recepción se llevaron a cabo en Tlalnepantla, Estado de México. Nos acompañaron nuestros familiares y algunos amigos de la universidad. *Ese día hicimos un compromiso para toda la vida ante Dios.* Hubo mucha música en la recepción. Cantamos como locos junto al mariachi, amigos y familia.

No tuvimos la posibilidad de viajar a algún lugar en especial. Nuestra luna de miel se limitó a dos noches en un hotel en la misma ciudad, por falta de dinero y porque yo debía regresar a trabajar de inmediato a Arizona.

Lili: Llegamos a San Luis Río Colorado, Sonora, México (frontera con Arizona), donde sería nuestro nuevo hogar. Mi primera sorpresa fue que la casa donde Peter había previsto que estableciéramos nuestro hogar nunca quedó disponible para ser rentada porque los dueños decidieron quedarse a vivir en ella. Viviríamos con mis suegros, donde permanecimos dos meses mientras encontrábamos un lugar propio. El tiempo pasaba lentamente.

Obviamente no teníamos privacidad, lo cual me incomodaba mucho, pues soy una persona muy reservada y privada. Dicha situación creaba problemas a nuestro reciente matrimonio. Mi sueño de estar sola con mi amado se había esfumado.

Ciertas actitudes y opiniones de su familia generaban roces entre los dos, y algunos de sus comentarios me ofendían. Él siempre protegía a su familia, lo cual causaba un poco de división entre nosotros, pero aun así lo enfrentábamos y esperábamos el momento de vivir solos por primera vez.

Finalmente pudimos adquirir nuestro primer auto y rentar el departamento. Por fin estaba sola con mi amado. Vivíamos como dos jóvenes pajaritos aprendiendo a volar. Ninguna circunstancia nos quitaba el gozo de estar juntos.

Peter: Pasaron los años y olvidamos todo aquello que nos hacía vibrar. Sin darnos cuenta, todas las alegrías se esfumaron y solo teníamos presente las cosas negativas por las cuales estábamos pasando.

Regresaba cansado del trabajo a casa. Por mi ambición de escalar puestos en el trabajo y obtener más dinero, descuidé el corazón de Lili. Dejé de ser romántico. No prestaba mi oído para escuchar su corazón. Le daba más importancia a la televisión, los deportes, los amigos y mis proyectos. Olvidaba sus cumpleaños o nuestros aniversarios. Caímos en la rutina de la vida.

Lili: Sé que también descuidé nuestro amor. Peter nunca tenía tiempo para mí, lo cual me alejaba de él cada vez más. No tener su corazón ni su atención me llevaba a creer que solo me usaba para satisfacer su necesidad sexual. La necesidad de recibir atención me llevaba a compararlo en mi mente con otros hombres y me emocionaba cuando alguien me daba atención y era amable conmigo.

También hacía bromas de mi persona en las fiestas con amigos y familia, lo cual me lastimaba mucho. Mi carácter introvertido me guiaba a guardar todas mis frustraciones e insatisfacciones, y dentro de mí comenzaron a crecer odio y rechazo hacia él.

Peter: ¿Se han sentido así alguna vez? ¿Acaso pruebas y dificultades son todo lo que existe? ¿Las buenas experiencias y los aspectos bellos que alguna vez vivieron, desaparecieron? ¿Te has dicho alguna vez: "Es que no me nace", "ya no siento nada por él (ella)", "ya no me gusta", "no me satisface emocionalmente", "no tenemos nada en común", "ya no la(lo) necesito", "merezco ser feliz"?

Quizás ya no sienten lo mismo de antes o han sido tantos los insultos que en su corazón pareciera solo existir rencor hacia su pareja. Podría ser que la indiferencia, la insensibilidad hacia el otro o el alejamiento han minado la relación. Tal vez la esposa dedica todo su tiempo a sus hijos o el trabajo se ha convertido en lo más importante para el esposo. O simplemente ya no cumplen con el papel o función que cada uno espera del otro. Posiblemente han llegado al punto que ya no sienten admiración mutua ni respeto.

¿La rutina los ha envuelto? ¿No hay ya deseo de estar el uno con el otro como antes o la intimidad sexual es un compromiso más que un deleite? ¿El físico ha cambiado y no existe la misma atracción de antes? ¿La enfermedad los ha separado? ¿El mal manejo de las finanzas ha afectado su relación?

Lili: ¿Cuál es su pretexto para seguir destruyendo el amor? Las circunstancias no determinan la pasión y el cariño. Muchas personas creen que el amor se acabó, pero el amor NUNCA deja de existir porque es un principio divino.

Hoy tenemos en nuestras manos el construir, con amor, el presente y el futuro de nuestra relación. Necesitamos reconocer que nos hemos distraído en mil actividades y hemos olvidado edificar nuestro amor, que en un principio todo lo construía, pero ahora todo lo destruye.

El amor abnegado, fiel y verdadero resiste todo. La historia *Los cuatro consejos* lo demuestra.

Eduardo y Nancy se habían casado recientemente. Ella provenía de una familia muy pobre y los padres de él habían fallecido. Ninguno tenía hermanos. El negocio que había heredado Eduardo de su papá había fracasado y los recursos del hogar eran escasos. Hipotecaron su casa y dos terrenos para poder subsistir. Un día Eduardo le hizo una propuesta a su esposa Nancy.

- *Mi amor, debo hacer algo para mejorar nuestra situación económica —le dijo -. Viajaré a Estados Unidos para encontrar un empleo y trabajar hasta obtener las condiciones necesarias para regresar y darte una vida más cómoda y digna. Un primo mío me ayudará con los gastos del viaje. Debo hacerlo antes de que se venza la visa. No sé cuánto tiempo estaré ausente. Sólo te pido una cosa: espérame, y mientras esté lejos, sé fiel a nuestro amor y yo te seré fiel.*

Fue larga la noche anterior a su salida. Lloraron y se despidieron con corazones desgarrados. Al llegar a un país desconocido, sin dominar el idioma, se sintió frustrado. Creyó que llegaría a ganar dólares hasta para aventar para arriba, pero la realidad era otra. La vida era más costosa que en México y sin documentos era más difícil encontrar un buen trabajo. Su título universitario ahí no le servía de nada.

Después de dos semanas consiguió empleo en construcción. Todas las tardes se comunicaba con Nancy por teléfono, la única manera de seguir manteniendo la relación con su amada esposa.

Pasaron meses, un año, dos años y, cuando vieron hacia atrás, ya habían pasado tres años. Ahora solo se comunicaban una vez a la semana. Eduardo fielmente le depositaba cada semana para los gastos de la casa. Nancy salía con sus amigas después del trabajo y los fines de semana, pues su amado no estaba con ella. Después de algunas discusiones, ya que Eduardo no estaba de acuerdo con que ella saliera todo el tiempo con sus amigas, Nancy dejó de responder sus llamadas. Eduardo cayó en un hoyo emocional y sentía que el mundo se le venía abajo.

- ¿Qué sucede? —le preguntó un compañero de trabajo—. Te veo un poco triste y cabizbajo.

Eduardo le platicó la situación por la que estaba atravesando con su esposa. Su amigo lo invitó a una iglesia. Ese día el mensaje tocó su corazón y decidió entregarle su vida a Dios. Al finalizar, el pastor oró por él y Eduardo le pidió consejo. El pastor era un hombre sabio.

- Conozco muchos matrimonios que son destruidos por la distancia y por el amor al dinero —le dijo el pastor—. Te daré cuatro consejos:

* Número uno, regresa a tu país y reconquista a tu mujer, porque aunque le has dado dinero, ella no tiene esposo porque tú no estás a su lado.

Número dos, nunca tomes atajos en tu vida. Caminos más cortos y desconocidos te pueden costar la vida.

Número tres, nunca seas curioso de aquello que represente el mal. La curiosidad por el mal puede ser fatal.

Número cuatro, nunca tomes decisiones en momentos de odio y dolor. Puedes arrepentirte demasiado tarde.

Al día siguiente se presentó a trabajar y entregó su renuncia. A su patrón le parecía absurdo que quisiera regresar a su país y, realmente, no deseaba que Eduardo se fuera, pues era tan responsable y eficiente en el trabajo que básicamente manejaba el negocio por sí solo.

- Mira, Eduardo —dijo el patron-, has trabajado tres años para mí y eres un excelente empleado. Tengo una oferta para ti. Te voy a promover a un mejor puesto en la compañía, serás el vicepresidente y con un sueldo mucho más alto si te quedas aquí en Estados Unidos. Tu sueldo te dará más de cien mil dólares al año.

- Deme un día para pensarlo —contestó Eduardo -. Mañana le respondo.

Eduardo llamó a Nancy por teléfono para darle la noticia. Ella no contestó la llamada. En ese momento recordó el primer consejo que le dio el pastor.

- Gracias por la oferta —respondió Eduardo a su patrón -, pero el estar cerca de mi esposa vale más que el dinero.

- *Eduardo, eres un tonto. Regresarás a México y ni siquiera sabes si ella ya está con otro hombre. Tú mismo me has dicho que no te responde las llamadas, y sus familiares te han dado la espalda.*

- *Prefiero morir en el intento de recuperar a mi esposa que vivir con dinero, pero sin el amor de mi vida.*

Eduardo empacó sus maletas, subió a su camioneta y emprendió el camino de regreso a su casa después de tres años de permanecer alejado de su esposa, a quien él tanto amaba.

Después del primer día de viaje cruzó la frontera y paró a comer en un restaurante. Por fin probaba después de tres largos años el sazón de la comida mexicana.

- *¿Para dónde vas? —le preguntó el mesero.*

- *Voy a Michoacán, que queda a más de catorce horas de aquí por carretera Nacional —contestó Eduardo.*

- *Ese camino es muy largo. Yo conozco un atajo por el cual llegarás en cuatro horas menos —aseguró el mesero.*

Eduardo, contento, comenzó a manejar por el atajo, pero repentinamente recordó el segundo consejo que el pastor le había dado. Entonces, volvió a la senda por la que transitaba antes. Después de cinco horas de camino se detuvo a cargar gasolina y se enteró de que habían asaltado a tres automóviles que transitaban por el atajo que él iba a tomar.

Manejó un par de horas más y, muy cansado, se detuvo en un hotel para descansar. Pagó la tarifa por una noche y, después de tomar un baño, se acostó a dormir. En la madrugada lo despertó un grito aterrador, se levantó y asustado comenzó a dirigirse hacia el lugar de donde provenía el grito. Cuando estaba abriendo la puerta de su cuarto se acordó del tercer consejo. Regresó y se acostó a dormir. Al amanecer, después de tomar café, el dueño de la posada habló con él.

- ¿Escuchó unos gritos terribles anoche? —le preguntó el posadero.

- Sí, los oí —contestó Eduardo.

- ¿Y no le dio curiosidad de saber qué sucedía? —le preguntó de nuevo el posadero.

- Sí, pero decidí no salir de la habitación.

- Qué bueno que no salió, porque un hombre ebrio encontró a su mujer con otro hombre en un cuarto de este hotel. Los huéspedes de las habitaciones de al lado de usted salieron a ver qué pasaba y el hombre, que furioso había matado con un cuchillo a su mujer y al amante, atacó también a los dos huéspedes que salieron de sus cuartos.

Eduardo dejó el hotel y prosiguió su larga jornada, ansioso por llegar a su casa. Al atardecer llegó a su destino, su amada Morelia. Nervioso, sintiendo un hueco en el estómago, sudando frío y con manos temblorosas intentó abrir la puerta de su casa. La chapa había sido cambiada, por lo tanto no pudo abrirla. Habló por teléfono, pero nadie contestó. Preguntó a su vecina acerca de Nancy.

- Nancy no viene a la casa desde hace tres meses —le informó la mujer -. Me enteré que está en el pueblo donde viven sus padres.

Desesperado, Eduardo se subió a su auto y recorrió dos horas más hasta llegar al pueblito. Vio entre los árboles humo saliendo de la chimenea de la pequeña casa de sus suegros. Se acercó y desde entre los arbustos pudo ver la silueta de su esposa dentro de la casa. Pero ella no estaba sola. Se acercó un poco más y la vio acariciar a un joven inclinado en su regazo.

Su corazón se llenó de odio y amargura al ver la escena, al creer que ella se había unido a otro hombre. Decidió correr al encuentro de los dos y matarlos sin piedad. Respiró profundamente y apresuró sus pasos. En ese preciso momento recordó el cuarto consejo. Se detuvo a reflexionar y decidió buscar lugar donde dormir aquella noche. Al día siguiente tomaría una decisión. Al amanecer, tras el descanso y con su mente en claro, pensó en lo que debía hacer.

- No mataré a mi esposa —se dijo a sí mismo-. Voy a volver con mi patrón y le pediré que me acepte de vuelta. Pero antes le diré a mi esposa que siempre le fui fiel.

Se dirigió a la puerta de la casa y tocó. Cuando la esposa abrió la puerta y lo reconoció, se colgó de su cuello y lo abrazó afectuosamente. Él trató de alejarla, pero no lo consiguió.

- Yo te fui fiel, pero tú me traicionaste —dijo el esposo con lágrimas en los ojos.

- ¿Qué dices? ¡Yo nunca te traicioné! He estado esperándote todo este tiempo.

- ¿Y quién es ese hombre al que acariciabas recostado en tu regazo ayer por la noche?

- Es mi hermano —respondió Nancy -. Hace tres meses regresó de Estados Unidos porque está enfermo. Padece leucemia terminal y le dieron cinco meses de vida. Desde entonces he estado aquí con mis padres y mi hermano para acompañarlo en sus últimos días de vida.

Eduardo entró a saludar a su cuñado y lo abrazó, al igual que a sus suegros. Mientras la esposa preparaba la cena, él le contó toda su historia. Luego se sentaron a comer juntos. Después de orar y agradecer, con lágrimas de emoción, Eduardo le pidió perdón por culparla sin razón y por dejarla por tanto tiempo sola para ganar un peso más.

∾ Receta 3: Amar es una decisión

Dios nos ha dado la capacidad de amar y para toda la vida. Aun en la distancia, el verdadero amor no se extingue. Sin embargo, los seres humanos nos distraemos y olvidamos el verdadero amor. ¿De qué manera lo hacemos? Al permitir que en su lugar crezca el amor al dinero, amor al trabajo, amor enfermizo a uno mismo, amor a los vicios, amor a las ataduras que nos alejan de Dios y de nuestro cónyuge.

La buena noticia es que podemos aplicar los ingredientes de *La receta del amor* para alimentar diariamente el corazón de nuestro cónyuge. Es importante recordar que, aunque no podemos cambiar a nuestra pareja, nosotros sí podemos cambiar y dar lo mejor que tenemos.

Declare lo siguiente a su cónyuge: *Hoy reconozco que necesito ayuda y me comprometo a amarte con todo mi corazón. Hoy decido revivir el amor; voy a dar todo de mí y con la ayuda de Dios voy a reconquistar tu corazón.*

¿Qué puedo hacer para demostrarte mi amor? Hagan una lista de acciones por medio de las cuales su cónyuge puede demostrarle su amor.

Ejemplos de algunas de ellas: Me gustaría que me hables amablemente, me des atención, me des más afecto, me consientas más, me ayudes en el hogar o me prepares una comida especial. Me gustaría recibir un regalo tuyo, que recuerdes de nuestro aniversario, me lleves a pasear, me dediques tiempo, me abraces más, me acaricies, necesito que me des palabras de admiración y respeto.

Esposo

_____

_____

_____

_____

_____

_____

_____

_____

Esposa

_____

_____

_____

_____

_____

_____

_____

Una vez que hayan elaborado la lista, practiquen cada petición hoy y el resto de sus vidas.

¿Han descuidado su cuerpo?

Receta 4

"Nadie odia su propio cuerpo, sino que lo alimenta y lo
cuida tal como Cristo lo hace por la iglesia".

Efesios 5:29 (NTV)

En ninguna manera es nuestra intención ofenderlos con
esta receta, por el contrario, queremos motivarlos a
cuidar su cuerpo, el cual es el templo del Espíritu Santo.
No se trata de un intento por imitar a las estrellas del
cine o la televisión, sino del cuidado de la salud.

Dios dio un cuerpo exclusivo a cada uno de nosotros.
Algunos fuimos dotados de huesos más fuertes o mayor
altura; otros, más pequeños. Los diferentes cuerpos son
de complexiones muy diversas. Debemos agradecer a
Dios por el aspecto físico que poseemos. Quejarnos de
nuestra constitución física nos convierte en hijos
malagradecidos. Dios nos hizo tal cual somos, por lo
tanto cada uno es una obra maestra única, una belleza de
su creación.

¿Les gustaría vivir muchos años? ¿Anhelan ver a sus hijos casados? ¿Desean ver crecer a sus nietos? Y aún más, ¿conocer a sus bisnietos? Está en nuestras manos el poder alargar nuestra vida y disfrutarla si llevamos un estilo de vida saludable, lo cual implica, entre otras cosas, practicar buenos hábitos alimenticios.

La vida es un regalo de Dios. La ciencia ha comprobado que las personas que comen saludablemente, descansan y hacen ejercicio, viven más años que los que comen comida chatarra, no ejercitan su cuerpo y descansan poco.

En una ocasión alguien nos preguntó: "¿Por qué siempre están hablando de bajar de peso y comer saludable?". Nos sentimos comprometidos de hablar sobre salud y buena alimentación, porque conocemos personas que murieron de ataque al corazón, cáncer, diabetes y otras enfermedades, por no cuidar su alimentación.

¿En qué consiste el sobrepeso y la obesidad? Los términos *sobrepeso* y *obesidad* se refieren a un peso corporal mayor del considerado saludable para una estatura determinada.

El método más práctico para reconocer el sobrepeso y la obesidad es el *índice de masa corporal* (IMC). El índice de masa corporal se mide al considerar la estatura y el peso.

Fórmulas usadas:
En unidades métricas: IMC= Peso (kg) /Altura (m) x Altura (m)

En unidades americanas: IMC= Peso (lb)/Altura (in) x Altura (in) x 703
La tabla de abajo indica la escala de IMC.

TIPO DE CUERPO	IMC
BAJO PESO	<=18.5
PESO NORMAL	18.5-24.9
SOBRE PESO	25-29.9
OBESO	30-39.9
OBESIDAD EXTREMA	>=40

Ejemplo 1: Alguien que mide 1.70 m y pesa 60 kg tiene un IMC de:
Cálculo de IMC = 60/(1.7 x 1.7)= 20.8
Esta persona ésta en la categoría normal.

Ejemplo 2: Alguien que mide 5'6" (= 66") y pesa 160 lb tiene un IMC de:
Cálculo de IMC = 160 / (66 x 66) x 703 = 25.8

Esta persona entra en la categoría de sobrepeso.

Toma en cuenta que esta tabla de IMC es solo una medida de la salud, pero existen muchos otros factores que influyen y juegan un papel importante en ella. Tener un IMC normal no significa que el cuerpo esté saludable.

Entre más sobrepeso tenga una persona, aumenta el riesgo de padecer problemas de salud. Cuanto más grasa corporal y más peso se tenga, mayores son las probabilidades de sufrir los siguientes trastornos en el organismo:

-Enfermedades de las arterias coronarias

-Presión arterial alta
-Diabetes tipo 2
-Cálculos en la vesícula
-Problemas respiratorios
-Ciertos tipos de cáncer

Muchos factores influyen en el peso de una persona, entre ellos el medio ambiente, los antecedentes familiares y hereditarios, el metabolismo (la forma en que el cuerpo transforma los alimentos y el oxígeno en energía), las conductas, los hábitos y otros.

Ciertos aspectos, como los antecedentes familiares, no se pueden cambiar, pero otros sí, como los hábitos y el estilo de vida. Un hábito positivo es consumir alimentos saludables, teniendo siempre en cuenta las calorías que necesitamos. Otro es mantenerse físicamente activo y tratar de limitar la cantidad de tiempo en que se está inactivo. Es posible bajar de peso con perseverancia, motivación y hábitos de alimentación saludables. Les aseguramos que, a largo plazo, disminuirá el riesgo de sufrir enfermedades.

Vayan con una nutrióloga o escuchen consejos y lean sobre salud; compren algún recetario de comida saludable para continuar aprendiendo y pongan en práctica los conocimientos que vayan adquiriendo.

Lili: Estudié una Licenciatura en Nutrición y obtuve una Maestría en Salud Pública, que definitivamente han sido una gran bendición para mi vida y mi familia, ya que son conocimientos que ponemos en práctica y han formado parte de nuestras vidas.

Al principio no fue fácil cambiar viejos hábitos, puesto que la alimentación tanto en México como Estados Unidos, y Latinoamérica en general, presenta una gran variedad de platillos especiales, muy sabrosos y atractivos al paladar. Es difícil no consumirlos, pero hemos aprendido a guardar un equilibrio tras la decisión personal de cuidar el cuerpo que Dios nos dio para alimentarlo, administrarlo y vivir en abundancia.

Los invito a dedicar tiempo para encontrar cuál es su IMC y conocer en qué estado se encuentra su cuerpo, a fin de que recapaciten en ello y, para su bienestar, tomen la decisión de cambiar sus hábitos diarios de alimentación, ejercicio y descanso. Ello será una gran bendición para ustedes, primeramente, y para sus familiares, quienes podrán disfrutarlos con una mejor salud y calidad de vida.

Aspecto físico

No solo es importante satisfacer las necesidades emocionales del cónyuge, sino también sus cinco sentidos (vista, oído, gusto, tacto y olfato), los cuales están activos siempre y son aspectos que debemos cuidar. ¿Cómo lo podemos lograr?

1. Vista: ya hablamos de cuidar nuestro peso a fin de tener, no solo salud, sino también un mejor aspecto físico. Debemos arreglarnos para nosotros mismos y para nuestros cónyuges, y ser atractivos a su vista.

Esposos: Opten por un corte de pelo que les vaya bien y usen algún producto para mejorar el aspecto de su cabello si es necesario. Quienes han perdido cabello recurran a las opciones actuales, como implantes de pelo, polvos que dan la impresión de llenura, o usen un espray que dé mayor volumen a su cabello. Se sentirán bien con ustedes mismos y más atractivos para sus esposas.

Córtense los vellos de las orejas y de la nariz, rasuren o mantengan su barba en buen aspecto para que se vean limpios. Hagan esto constantemente.

Esposas: Tomen tiempo para arreglarse su cabello y peinarlo de una forma atractiva que le guste a su cónyuge. Si su pelo es canoso o no tienen la opción de pintárselo, busquen un corte de moda o de buen gusto. Hay una gran variedad de accesorios para usar en nuestro cabello y que le dan un toque distinto.

Esposos y esposas: Vístanse con buen gusto. Pregunten a sus esposas(os) cómo les gustaría que se vistieran, o pidan a sus hijos o algún amigo(a) de confianza su opinión sincera y un buen consejo acerca de la vestimenta.

Las épocas cambian y muchas veces los cónyuges se quejan del aspecto anticuado o descuidado de su pareja. Pongan atención y realicen los cambios necesarios.

Inviertan en ustedes. Cuiden sus dientes con limpiezas periódicas, arreglen caries, quebraduras o espacios entre los mismos; blanquéenlos para que su sonrisa sea más atractiva y agradable para ustedes y su cónyuge.

Peter: *Cuando estaba joven "se me iba el ojo loco" y desarrollé el hábito de recorrer con mi mirada el cuerpo de las mujeres. En cierta ocasión, andando de compras, pasó frente a nosotros una muchacha muy guapa. Volteé a verla y recorrí su cuerpo con mis ojos.*

– ¿Qué estás viendo? –me preguntó, Lili muy enojada.

–Nada –contesté–. Estaba viendo los cereales. ¿Cuál quieres que compre?

–Te he sorprendido varias veces viendo así a las mujeres.

–Estás loca, celosa. No vi nada –le contesté indignado para hacerla callar.

Hombres controlen lo que su ojo ve. Yo los invito a establecer un pacto con Dios y sus esposas: cuidar sus ojos, así como Job lo hizo: *"Hice un pacto con mis ojos de no mirar con codicia sexual a ninguna joven"* (Job 31:1 NVI).

2. El oído: es un sentido muy sensible. Utilícenlo para expresar con palabras amorosas lo que su sentido de la vista percibe en su cónyuge en cuanto a su aspecto físico; también para agradecer su esfuerzo en cuidarse y verse atractivo(a), y así motivarlo(a) para continuar haciéndolo.

3. El gusto: usamos la boca para hablar, comer, besar. Esposa, ¿cuándo fue la última vez que

tomaste a tu esposo entre tus brazos y lo besaste una y otra vez? ¡Sorpréndelo!

Esposos, les voy a dar algunas claves para mejorar su intimidad matrimonial. Sucede con frecuencia que cuando sus esposas los acarician, los hombres piensan que ellas desean tener intimidad sexual e inmediatamente quieren ir con ellas a la cama. Sin embargo, ellas solo buscan demostrarle amor y recibir, a la vez, afecto y atención de los esposos. Permitan que sus esposas los besen. Sedúzcanlas poco a poco con ternura durante el día, susúrrenles al oído palabras amorosas. Llegado el momento, ellas disfrutarán la intimidad tanto como ustedes.

Es indispensable conservar siempre un buen aliento, sobre todo cuando estamos con nuestro cónyuge. Lávense los dientes, usen enjuague bucal, lleven consigo pastillas para el aliento, espray para la boca o productos semejantes. La higiene de nuestra boca es importante y el aliento debe ser agradable. Muchas veces no nos damos cuenta de su olor, pero el cónyuge debe ser honesto y, con respeto, mencionar este detalle desagradable a fin de evitar malos ratos.

Confianza, transparencia y comunicación se practican con estos gestos. Debemos doblegar el orgullo y preguntar a nuestra pareja sobre dichos aspectos.

4. El tacto: este sentido posee muchísimas terminaciones nerviosas que mandan señales al

cerebro. Así reconocemos si un toque es amoroso, tierno, brusco, frío, caliente, además de muchas otras sensaciones.

Nuestras manos deben ser usadas para bien. Practiquen el toque físico en su matrimonio: tómense de las manos cuando salen, ya que expresa unión, pertenencia, cariño, protección...

Esposas, acaricien la cabellera de sus cónyuges y, con cariño, díganles: "Me encanta tu cabello"; o si su pelo está muy escaso: "Me encantaba tu cabello" (broma).

Hombres, sean caballerosos y atentos con sus esposas. Trátenlas como a un vaso frágil. Tomen tiempo para acariciarlas en el momento adecuado; háganlas sentir atractivas; tómenlas de la cintura con delicadeza; presúmanlas tomándolas de la mano como su trofeo.

El toque en la cintura, la mano, el brazo, el hombro, afianza el lazo emocional de la pareja. Abrácense y disfruten su matrimonio.

5. El olfato: Sirve para respirar y percibir los olores. Si el olor es agradable, nos acercamos más y lo disfrutamos, pero si es desagradable, nos alejamos y nos quejamos.

LA RECETA DEL AMOR

Cuiden su higiene personal tanto en su aliento como en su cuerpo y ropa. Si sus trabajos los hacen sudar, tengan el cuidado de bañarse, usen desodorante y un perfume que agrade a su cónyuge. Su ropa debe oler bien todos los días. No usen la ropa de trabajo sudada. Si tienen uniforme, lávenlo antes de ponérselo otra vez, y si cuentan con más de uno, mejor aún. Siempre tengan un buen perfume en casa.

Julián y Jennifer se flecharon desde que se vieron por primera vez. Se gustaban y amaban tanto que el tiempo se iba volando al estar juntos. En el día de su boda lucían como modelos de revista.

Con el paso de los años Julián subió de peso, su aspecto físico cambió drásticamente; practicaba malos hábitos alimenticios y no realizaba ningún tipo de ejercicio. Jennifer, por su lado, trataba de comer lo más saludable posible, lo cual le causaba conflictos con Julián, a quien no le gustaba comer sanamente, lo que él llamaba "comida para vacas", y prefería comer en la calle.

Jennifer gustaba de ir al gimnasio y salir a correr, lo cual la mantenía con una muy buena figura, aspecto jovial y, sobretodo, muy bien de salud. Julián estaba tan fuera de forma que parecía papá de Jennifer, a pesar de que ella era dos años mayor que él. La inseguridad se apoderaba de él de una manera enfermiza y sus celos eran desbordados porque no soportaba que Jennifer saludara a ningún hombre.

Finalmente, Jennifer no aguanto más los celos, los pleitos, los gritos y el mal trato que Julián le daba. Se dio cuenta de que permanecía al lado de él solamente por lástima y economía. Decidió dejarlo e irse a vivir con su amiga que era soltera.

Eso empeoró los celos de Julián, quien al verse perdido y angustiado por aquel problema sin solución aparente, acudió a un consejero, quien escuchó su historia. Comenzó a trabajar en su carácter fuerte y explosivo y en cada sesión fue aprendiendo a manejar su enojo.

Mientras las semanas pasaban, Julián intentaba hablar con ella y convencerla de que tomaran la terapia juntos. Su comportamiento había cambiado. Jennifer notaba una gran diferencia en la manera como Julián le hablaba ahora. Su trato hacia ella era más respetuoso y tierno. Realmente algo estaba cambiando en él.

Jennifer accedió a visitar al consejero, puesto que veía un cambio genuino en el comportamiento de Julián. Cuando llegó el turno de que Jennifer abriera su corazón, ella expresó la gran impresión que le causó el cambio en el carácter fuerte y explosivo de su esposo, quien ahora podía controlar su enojo y frustración. Sin embargo, fue sincera con él y con mucha delicadeza le dijo que le gustaría verlo sin sobrepeso, porque ya no se sentía atraída hacia él y la intimidad con él era una tortura.

Julián se sintió muy mal al escuchar esto, pero debía ser sincero consigo mismo y reconocer que él tampoco se sentía bien con su sobrepeso. En la noche roncaba peor que un tren, se quedaba dormido en el sillón al ver la televisión, rendía menos que antes en su trabajo, tenía problemas de respiración y cansancio todo el tiempo, además había tenido dos alertas de ataque cardiaco.

Si no hacía el cambio ahora, nunca lo haría. Se armó de valor, y como parte de la condición para arreglar su matrimonio, fueron con una nutrióloga y comenzaron un camino en equipo. Ahora los dos estaban en la misma página.

Jennifer regresó a la casa. Empezaron a caminar juntos, lo cual les ayudaba mucho porque, además de hacer ejercicio, platicaban y mantenían buena comunicación. Después de algunos meses comenzaron a correr. Julián bajaba de peso con la combinación de dieta y ejercicio; y si llegaba al punto en que se estancaba y no perdía más peso, corregían la dieta y aumentaban el ejercicio. Él seguía avanzando con su plan de mejorar su salud.

Hoy en día Julián es talla 32 de cintura y corre maratones. Jennifer se siente más atraída hacia él y cada vez más enamorada. Vio cómo su esposo tuvo que aprender a amarse a sí mismo primero para poder amarla a ella. Ahora disfrutan de un matrimonio saludable en todos los aspectos y son líderes de matrimonios de su iglesia.

¿Qué te gustaría que tu cónyuge cambiara en su aspecto físico? ¿Prefieres que esté más perfumado(a), más aseado(a), con dientes más limpios, con menos peso, con otro peinado, que vista ropa más moderna? Necesitan aprender a complacer a sus cónyuges porque, sin duda, esto los acercará más.

En las siguientes líneas, cada uno exprese por lo menos cinco aspecto en los que desee ver cambios en su pareja. Háganlo sinceramente y con delicadeza de palabras. No sean groseros ni expresen comentarios hirientes. Hablen con amor y respeto siempre.

❧ Receta 4: Cuiden su cuerpo

Esposo

Esposa

_____

_____

_____

_____

_____

_____

_____

_____

_____

¿Tienen citas románticas?

Receta 5

"Todo tiene su tiempo. Hay un momento bajo el cielo
para toda actividad".

Eclesiastés 3:1 (RVC)

Lili: ¡Recuerden cuándo se vieron por primera vez!
¡Revivan los instantes de su primer beso y cuando
sus manos sudaban y temblaban de emoción al
ver el rostro de su pareja! ¿Cuándo fue la última
vez que salieron juntos y solos?

Nos conocimos en la Universidad de
Montemorelos, en Nuevo León -cerca de la
ciudad de Monterrey, México-, y nos convertimos
en amigos inseparables. Por aquella época éramos
estudiantes de tiempo completo y además
trabajábamos realizando nuestro servicio social,
sin embargo, diariamente encontrábamos tiempo
para pasar juntos.

Compartíamos actividades. A mí me encantaba correr y hacer deporte, así que corríamos y jugábamos frontenis, lo cual disfrutábamos mucho. Peter era muy creativo y espontáneo, y buscaba distintas actividades para realizar juntos. Siempre encontraba la forma de hacerme reír. Cada día me conquistaba. Nos fascinaba platicar y escucharnos uno al otro, en lo que pasábamos horas sin darnos cuenta.

En ese tiempo vivíamos en los dormitorios de la universidad, de señoritas y de jóvenes respectivamente, a los que debíamos regresar no más tardar a las diez de la noche o nos cerraban la puerta. Si no llegábamos a tiempo, sufríamos consecuencias, lo que no pude evitar en una ocasión, por lo que me pusieron a lavar los baños del dormitorio de mujeres. Todo valía la pena y ansiaba que amaneciera para verlo otra vez.

Dios compara el matrimonio con la relación que él tiene con sus hijos, y nos habla acerca de regresar al primer amor:

"Sin embargo, tengo en tu contra que has abandonado tu primer amor".
Apocalipsis 2:4 (NVI)

Peter: Vivir bajo el primer amor conlleva pasión, entrega, dedicación, atención y tiempo. Un matrimonio saludable necesita mínimo quince horas de convivencia por semana, pero el ritmo de vida actual de la mayoría de nosotros lo vuelve casi imposible. El trabajo, los hijos, la iglesia, la familia y otras actividades absorben todo nuestro tiempo, ya que es necesario dedicárselo. Sin embargo, en el que invertimos menos tiempo es en el matrimonio.

El índice de divorcio ha llegado a ser muy alto, hasta alcanzar un 52%. Es vital que todos los días reservemos tiempo para platicar con nuestro cónyuge. Dentro de lo posible, acompáñense al realizar distintas actividades, como cuando eran novios y deseaban hacer todo juntos.

Realizar actividades los dos, tales como trabajar, estar con los hijos, visitar familiares e ir a la iglesia es muy saludable, pero no es pasar tiempo a solas. Los desafiamos a que, por lo menos una vez por semana, dediquen entre una y dos horas para salir a cenar con su pareja, tomar un helado, ir a un centro comercial, pasear en un parque y pasar tiempo a solas, sin hijos y sin celulares. Cualquiera que sea el lugar que elijan, lo importante es invertir en su matrimonio de acuerdo con sus posibilidades.

La siguiente historia es un ejemplo de lo que te planteamos:

Miguel era un buen trabajador, luchador, dispuesto a servir y dar en todo momento. Su empresa despuntaba cada vez más, pero requería cada más de su tiempo. Ruth, su esposa, también prosperaba en su negocio de decoración para fiestas y gozaba de buen ingreso. Junto a sus cuatro hijos, formaban una familia feliz.

Asistían a la iglesia regularmente donde, por amor a Dios, se involucraron en el liderazgo, para el agrado de los pastores, quienes se sentían felices de tenerlos en su círculo más cercano.

Miguel decidió abrir otro negocio donde su ingreso se triplicaría. Su horario ahora era de seis de la mañana a nueve de la noche. Incluso sábados y domingos, Miguel necesitaba estar disponible para su trabajo por si lo llamaba algún cliente o surgían problemas. Cumplía con esta gran responsabilidad y era leal a sus empresas.

Ruth, quien se sintió sola porque su esposo casi no pasaba tiempo con ella y la familia, comenzó a involucrarse más en la iglesia, lo cual era muy bueno para ellos. Los lunes debía estar en la oración; martes, en la reunión de damas; miércoles, servicio general; jueves, reunión de líderes; viernes, reunión de jóvenes; sábados de Milagros y domingos en la reunión general mañana y tarde.

Miguel dejó de asistir a la iglesia porque, para mantener el estilo de vida al que estaban acostumbrados, debía trabajar más. Esta era la respuesta que daba a Ruth cuando ella le pedía que les dedicara más tiempo a ellos y los acompañara a las reuniones.

Miguel comenzó a quejarse del tiempo que Ruth pasaba en la iglesia. Ella alegaba que si él no estaba en la casa, mejor era que ella sirviera a Dios y que sus hijos crecieran involucrados en actividades religiosas.

Miguel se involucró en una relación amorosa con su secretaria. La situación se volvió muy tensa. No obstante lo sucedido, Ruth deseaba recuperar su matrimonio, pero cada vez que hablaban, terminaban en pleito. En ese punto, iniciaron consultas con un terapeuta familiar para restaurar su matrimonio. El terapeuta les pidió que cada uno elaborara una lista donde anotarían cinco cambios que necesitaba que el otro hiciera.

La lista de Ruth incluía:
1. *Trabajar menos*
2. *Pasar más tiempo en casa con ella y con los niños*
2. *Ser más cariñoso con ella*
3. *Ayudar con las tareas de los hijos*
4. *Conversar más con ella*
5. *Salir solos*

Miguel pidió lo siguiente:
1. *Respeto*
2. *No se negara en la intimidad*
3. *Dejar los puestos en la iglesia*
4. *Vivir solos sin los suegros*
5. *Gastar menos dinero*

Ruth estaba dispuesta a hacer cambios, pero no los que Miguel le pedía. No deseaba que los pastores se molestaran con ella, y creía que abandonar sus responsabilidades en la iglesia era fallar a Dios. Pensaba que no vivir con sus padres sería abandonarlos. Tampoco quería dejar el estilo de vida que llevaban.

Miguel, por su parte, estaba dispuesto a hacer cualquier cosa por su mujer y realizar cambios en su vida. Asistió a varias sesiones, hasta que decidió abandonar la consejería porque su esposa no estaba dispuesta a dejar lo que él le pedía.

Al ver que su esposo ya no estaba interesado en seguir adelante, Ruth decidió hacer cambios. Habló con sus hermanos para que todos ayudaran con una cuota mensual para el sustento de sus padres, y con los pastores, quienes comprendieron que ella necesitaba dejar sus responsabilidades en la iglesia para que su matrimonio se restaurara. Ajustaron su presupuesto para que Miguel dejara el negocio que le estaba demandando la mayor parte del tiempo. Establecieron una cita por semana como pareja, sin hijos, sin celular ni distracciones de otro tipo.

Han pasado varios años y Miguel y Ruth dan testimonio de cómo ha ayudado a su matrimonio tener su cita cada semana como dos enamorados.

Lili: Nosotros hemos convertido en un hábito salir los dos solos una vez por semana. Esos instantes nos han propiciado la posibilidad de edificar la comunicación dentro de nuestro matrimonio. Esas conversaciones nos sirven para hacer planes y saber cómo está el otro. Nos hacemos preguntas como:

¿Qué te gustaría que hiciera por ti?

¿Cuáles son las palabras con las que prefieres me dirija a ti?

¿Qué puedo hacer para comunicarme mejor contigo?

¿Qué puedo hacer para conquistarte más?

Una de las cosas interesantes que hemos hecho es alternar la planeación de nuestras citas. ¡Así se mantiene encendida la chispa del amor y podemos regresar a nuestro primer amor! Uno sorprende cada semana al otro y lo mantiene expectante y emocionado mientras adivina qué sucederá en nuestra cita la próxima semana.

Peter y yo esperamos siete años para tener a nuestro primer bebé, por lo tanto teníamos la posibilidad de salir como novios en cualquier momento que se nos ocurriera. Fue una época maravillosa.

El nacimiento de Jordano, nuestro primogénito, para mí fue un hermoso regalo, como fruto de nuestro amor. Lo cuidaba tanto que empecé a dedicarle todo mi tiempo y descuidé a mi esposo. Nuestras citas románticas se suspendieron por meses, lo cual hacía sentir a Peter solo y abandonado.

Cuando me pedía ir al cine y dejar al bebé al cuidado de su mamá, yo rechazaba la invitación, pues tenía temor de dejarlo con alguien más. Debido a eso, un día tuvimos una discusión fuerte, la cual me hizo acceder a salir solos, pero no disfruté la película porque estaba preocupada por mi bebé.

Después aprendí que tener familiares cerca era una bendición, pues necesitaba pasar tiempo a solas con mi esposo y regresar al primer amor, reconquistarnos y mantener la llama del amor encendida en nuestro matrimonio, además de dar un buen ejemplo a nuestros hijos de que todo tiene su tiempo y equilibrio.

Aunque el temor nos limite a avanzar y realizar distintas actividades, y el alejarnos de nuestra zona de confort sea muy incómodo, es saludable salir solo con nuestro cónyuge y disfrutar. La Biblia afirma en Cantares 1:4: *"Regocijémonos y deleitémonos juntos"*. ¡Sobran las razones para amar!

⌒⧓ Receta 5: Tiempo de romanticismo a solas

Declara lo siguiente a tu cónyuge: *Hoy reconozco que necesito pasar más tiempo contigo, mi amor. Con la ayuda de Dios voy a dedicarte momentos todos los días y realizaremos una cita romántica una vez por semana.*

¿A qué lugares te gustaría ir en nuestra cita romántica? Enlisten al menos cinco lugares a los cuales les gustaría acudir por las siguientes cinco semanas. Escriban cada uno sus opciones y establezcan su primera cita para esta semana, por supuesto, en el día que mejor convenga a ambos.

Ejemplos: parque, concierto, teatro, cine, centro comercial, nevería, museo, playa, lago, restaurante, etc.

Esposo

_____

_____

_____

_____

_____

_____

_____

_____

PETER N LILI

Esposa

_____

_____

_____

_____

_____

_____

_____

_____

¿Guardan secretos?
Receta 6

"Por eso, confiésense unos a otros sus pecados, y oren unos por otros, para que sean sanados…"
Santiago 5:16 (NVI)

Es imposible crecer en el matrimonio si no somos confidentes de nuestra pareja. Debemos ser un libro abierto ante Dios y nuestro cónyuge. Es necesario reconocer las debilidades, revelar las dudas, admitir los temores, compartir las heridas, expresar los sentimientos, confesar los fracasos, pedir ayuda y orar. La verdad duele; y aunque la mentira alegra el corazón temporalmente, al final es más dolorosa, ya que lleva al fracaso.

Peter: En mi juventud guardé secretos de mi vida. No se los revelé a Lili durante nuestro noviazgo, aunque si pensé hacerlo en el momento cuando sentí en mi corazón que debía hablar con ella y confesarle todo mi pasado. Ese día fui a visitarla y le dije que deseaba hablar con ella.

Lili: Peter me pidió que habláramos, a lo cual accedí con gusto. Salimos a caminar. Antes de que él comenzara su plática le comenté lo que había sucedido entre Lupita y su novio. Aún recuerdo muy claramente nuestra conversación aquel día.

-¡Gilberto vino a hablar con Lupita -le comenté a Peter- y le confesó todo de todo! Le contó de las chicas con quienes tuvo relaciones sexuales. Le habló de su pasado. Créeme que no es nada agradable.

-¿Cómo reaccionó Lupita? —me preguntó él.

-¡Pues terminaron, por supuesto!

-¡Pero ya se iban a casar! —dijo Peter, muy sorprendido.

-¿Cómo crees que se va a casar con ese desgraciado?

Peter: La puerta hacia la verdad estaba cerrada, ya que supuse me sucedería lo mismo si confesaba a Lili la realidad de mi pasado. Tengo muy presente en mi memoria cómo terminó aquella conversación.

- Y, ¿qué me ibas a decir? -Lili me preguntó.

-Que te amo con todo mi corazón —fue todo lo que atiné a decir. Lili me abrazó y nos besamos.

Nosotros mismos fomentamos la deshonestidad. Nuestro matrimonio corre peligro si escondemos verdades del diario vivir. ¡El que es honesto en lo poco, también en lo mucho lo será!

¡A los dos años de matrimonio comenzamos con unas luchas tremendas! En la oficina había una mujer que continuamente me coqueteaba y me hacía insinuaciones amorosas. Un día le platiqué a Lili lo que pasaba en el trabajo y se puso furiosa. Explotó diciendo: «Tú eres el coqueto. Estoy segura que tú eres quien provoca a esa mujer».

Al día siguiente regresé al trabajo y no fui suficientemente valiente de poner alto a la lujuria. Esto dio como resultado una infatuación con la mujer del trabajo y comencé a dudar sobre el matrimonio. La mujer y yo empezamos a involucrarnos sentimental y físicamente.

La decisión equivocada de relacionarme de esta forma con otra mujer agregó más problemas a los ya existentes en nuestro matrimonio.

Sostener una relación fuera del matrimonio trae, como consecuencia, comparación entre el trato recibido por la otra persona y el cónyuge. Es un acelerador para terminar la relación del matrimonio; se confunden los sentimientos; se llega a creer que se ama a la otra persona y que el amor hacia el cónyuge ya se extinguió. El egoísmo y la independencia entran en nuestra vida.

Pasaron los meses y me encontraba en un proceso largo. Me sentía muy confundido. Sin embargo, para entonces Lili ya se había reconciliado con Dios y oraba por mí sin que yo lo supiera.

Un día me di cuenta de que estaba por perder lo más amado por mí y dentro tenía un gran vacío que únicamente Dios podía llenar. En oración, le pedí que me diera la fortaleza y el ánimo para hablar con Lili sobre mi pasado y presente. Realmente estaba arrepentido, sin embargo, pasaron varios días, hasta que finalmente tuve el valor suficiente de enfrentar la situación ante Lili.

Ese día la llamé por teléfono e hicimos una cita para vernos en un parque. Mi corazón latió muy aceleradamente cuando la vi llegar. No encontraba las palabras para comenzar a hablar, pero al fin lo hice. Le revelé todo, sin esconder nada, y le pedí perdón.

Lili: El día de su confesión me sentí devastada. No me lo esperaba. Creí que el mundo se me derrumbaba. Lloré amargamente. Sentí que odiaba a Peter. Una gran herida se abrió en mi corazón. El dolor y el pesar eran más fuertes de lo que hubiera imaginado.

Entendí, no obstante, que indudablemente el hecho de que él me abriera su corazón y pidiera perdón era el resultado de las oraciones, de mis largas noches sin dormir llorando en silencio y clamando ante Dios.

Me refugié en sus brazos y acepté su disculpa.

El día de su confesión yo también le revelé cuáles eran mis debilidades. Había tenido pensamientos sexuales y emocionales con otros hombres y, aunque nunca pasó de mi imaginación, también eran verdades ocultas que necesitaban salir a la luz para poder sanar. Había llegado a idealizar y a admirar a otros hombres, comparándolos con Peter, anhelando que él fuera como ellos.

Asimismo le confesé acerca de las compras que hacía a sus espaldas para evitar sus regaños por gastar dinero fuera del presupuesto.

Después de haber abierto nuestros corazones y habernos pedido perdón, Peter decidió dejar el trabajo y, obviamente, alejarse de la mujer ajena, para mi tranquilidad.

Ahora entiendo cuán diferente hubiera sido si hubiese escuchado a Peter y orado con él, y permanecido a su lado en la lucha y la prueba.

Generalmente pensamos que los hombres tienden a ser morbosos y malpensados, pero las mujeres también somos atacadas con malos pensamientos, mentiras, chismes, deseos de tener un esposo como el de otra mujer, envidias... Nuestras emociones hoy dicen "te amo" y, mañana, "ya no tanto". Dudas si tienes el esposo que te conviene o crees que hay alguien mejor para ti, y piensas egoístamente en divorciarte para ser feliz con alguien más.

Imaginen estos escenarios de la vida: El esposo tiene tentación de ver pornografía, o alguna ex novia u otra mujer le envía mensajes privados por las redes sociales. Precisamente los "amoríos cibernéticos" comienzan con un "¡HOLA! ¿CÓMO ESTÁS?", "¡Qué bien te ves!". Una plática puede simplemente comenzar así y poco a poco empezar a llenar el vacío o la necesidad de su cónyuge.

Si el marido abre su corazón y confiesa a su esposa las tentaciones por las que está pasando, y ella tiene misericordia y con amor lo rescata, ora por él, lo acompaña en la tentación, le da apoyo moral y presta atención a las necesidades de su esposo, como resultado tendremos a un esposo libre de pornografía y protegido de amoríos cibernéticos con la ayuda de Dios y de su esposa.

¿Qué pasaría si una mujer en las redes sociales o en el trabajo escucha y atiende estas palabras de un hombre que no es su marido: *"Estás hermosa"*, *"Qué bien te ves hoy"*, *"Si yo fuera tu marido, te consentiría y te cuidaría"*? ¿O que sucedería si le da obsequios y le dice que se está enamorando de ella, mientras su marido se ha enfocado en escalar profesional y financieramente, dedicando más tiempo a sus pasatiempos que a ella?

Si ella rompe la barrera de la tentación, se deshace de esa seducción amorosa y confiesa a su marido lo que está sucediendo, y si él tiene el amor del Señor rescatará a su esposa sin juzgarla ni señalarla, y en oración con ella, enfrentarán la tentación y la debilidad. El resultado será una mujer que no deje a su marido por otro hombre, ya que siguieron el consejo de la Palabra de Dios.

Debemos hacer cambios para no regresar o caer en la misma situación.

Mi nombre es Linda y tengo 32 años. Mi esposo, Marco, tiene 34. Casi cumplimos catorce años de casados. Les comparto nuestra historia con el fin de que sea una motivación para quien lee este libro. Tenemos tres hermosos tesoros que aún son pequeños, y por respeto a ellos he cambiado nuestros nombres.

Nuestra historia matrimonial no comienza con una boda planeada como la mayoría, tampoco con festejos, incluso hasta sin Dios. Un año de noviazgo, un embarazo no planeado, una boda civil para satisfacer la obligación moral hacia mis padres: este fue el preludio a nuestra vida de casados.

Nos amábamos, pero con el tiempo aquel amor se convirtió en un estilo de vida. Él, nuestro pequeño hijo y yo éramos todo nuestro mundo. Mi esposo era un hombre trabajador, responsable y honesto, mientras yo trataba de ser la mujer idónea para él, sin embargo era muy celosa y egocéntrica.

Creíamos en lo que nos decían los demás: "Hacen bonita pareja", "se llevan muy bien" o "nunca tienen problemas". Parecíamos la pareja perfecta. Aun así no éramos plenamente felices. Yo siempre me sentía celosa y temía ser lastimada, lo cual hería los sentimientos de mi esposo.

La profesión de fe no formaba parte de nuestra vida, así que formamos un matrimonio según nuestras ideas.

Cuando teníamos seis años de casados nos presentaron a un hombre en cuyo local entré a trabajar. Este hombre comenzó a enamorarme hasta que creí amarlo. Llegamos a la infidelidad, pero decidí no continuar con esa relación. Mi esposo jamás se dio cuenta.

En aquella época vivíamos en la frontera de Tamaulipas, donde la violencia arrastraba a muchos y mis parientes no fueron la excepción. Uno de mis hermanos se involucró por tres meses en esos asuntos. Dios tuvo misericordia y nos sacó a la familia entera de nuestra tierra y nos llevó a un país extranjero, Estados Unidos, donde todos vivimos, incluso mis padres y mi hermano, quien parecía no tener salida de aquel torbellino que lo había envuelto.

Nuestra pequeña nació en el 2011 y todo parecía estar bien. Dios llegó a nuestra vida y comenzamos una nueva existencia con nuestra pequeña de once meses y nuestro hijo de ocho años, en un país al que jamás pensamos ir a vivir, pero sí con el deseo de temer a Dios y servirlo juntos.

Había confesado a Dios mi pecado y ya había sido perdonada sin necesidad de revelarlo, ya que temía las consecuencias. Sin embargo, ya no podía guardar por mayor tiempo el secreto de mi transgresión, y la culpa me envolvía cada vez que buscaba la presencia de Dios. Al verme en esa condición acepté su ayuda divina.

Una noche, conversando con mi esposo, decidí hablar acerca de la infidelidad. Fue un momento muy doloroso para ambos. Él me confesó que también me había sido infiel, con la diferencia de que no había llegado a una relación tan íntima como yo. Lo había hecho porque él deseaba estar con otra mujer. En aquel momento supe que yo había sido su primera y única mujer hasta entonces, y por miedo no me había revelado antes acerca de su virginidad. Esa misma razón le había impedido llegar más lejos con ella. Aquella fue la noche más larga de mi vida.

Me sentí la peor mujer del universo. Mi mundo se derrumbó y mi matrimonio se empezó a escurrir de entre mis manos como el agua. Ahora debía enfrentar la culpa y luchar por recuperar algo de lo que habíamos derramado.

Dios, no obstante, nos sostenía entre sus manos y a la vez moldeaba nuestros corazones. Nos estaba creando de nuevo, pero dolía tanto que le llevé mi pena en oración y él me dio el valor de pelear por mi matrimonio. ¿Cómo sucedió? Me devolvió la dignidad de mujer y mi valor. Y fue hasta entonces que pude apreciar a mi esposo como un tesoro, aun cuando en su dolor él no lo veía así. Fueron días difíciles, en que los porqués no encontraban respuesta de mi parte, y él se ahogaba rogándole a Dios que lo ayudara.

Llegó el día en que debimos decidir seguir en ese dolor, luchar por nuestro matrimonio o separarnos. Ese fue el momento en que Dios restauró nuestro matrimonio. Fue entonces cuando conocimos el verdadero amor que no acusa ni condena, sino perdona; el amor que no lastima ni ofende; el amor que olvida la ofensa y muestra paciencia y respeto. Aprendimos a mirarnos a través de los ojos de Dios y comenzamos a conquistarnos nuevamente, con Dios como nuestro consejero y cómplice.

Dios, desde esos momentos, es el lazo que nos une cada día más. A través de todo este proceso nunca dejamos de servirle, ni dejamos de asistir al templo, que era nuestro refugio. Cada noche tomados de la mano orábamos juntos al Señor, y reclamábamos su ayuda y dirección. Las oraciones de nuestros pastores y algunos hermanos en la fe fueron nuestro aliento para seguir adelante.

Es hermoso saber que Dios nos ama de tal manera que nos dio una nueva oportunidad. Ya han pasado dos años y soy feliz. Nuestro pasado ya no vive en nuestro presente. Amo a mi esposo, lo valoro y lo respeto. Soy amada por mi marido, respetada y cuidada como nunca lo soñé.

No permitan que nada ni nadie se interponga en su matrimonio. Si Facebook o alguna otra red social es un obstáculo, rompan con ella. Desde que existe Facebook las estadísticas indican que el índice de divorcio ha aumentado y se han realizado veintiocho millones de ellos. El noventa y ocho por ciento de las personas que usan Facebook han buscado a alguna ex novia(o) por curiosidad y, muchas veces, intencionalmente.

No es la culpa de Facebook o de cualquier otra red social, sino de uno mismo cuando permitimos que las concupiscencias nos atrapen. Las parejas no deberíamos tener contraseñas que nuestro cónyuge no conozca, ya sea en celulares, computadoras o cuentas de una red social. Debemos tener acceso completo a todo, lo que es una protección para ambos y una prueba de fidelidad y confianza en el cónyuge. *¡El que esté libre de pecado que muestre su celular desbloqueado!*

¿Hay verdades ocultas, malos hábitos o cualquier otro hecho que necesita salir a la luz?

La siguiente es una lista de lo que el cónyuge infiel podría experimentar:

- *Pérdida de la alegría que significaba la llegada de la pareja.*
- *Disminución del placer con la pareja y aparición de escenas*

imaginarias agradables con el o la amante.
- *Ausencia de actos de cariño, elogios y regalos para el cónyuge.*
- *Desatención de las necesidades espirituales, sexuales, económicas, domésticas o físicas de la otra persona.*
- *Evasión del contacto corporal con la pareja.*
- *Intercambio de los recuerdos agradables de la pareja por experiencias negativas.*
- *Desgaste de la comunicación, pudiendo aparecer recriminaciones, ofensas, conflictos.*
- *Valoración negativa de las cualidades físicas y psicológicas del cónyuge.*
- *Falta de paciencia ante los errores irrelevantes de la pareja.*
- *Evadir el compartir tiempo con la pareja.*
- *Rechazo sexual que se expresa en la falta de iniciativa o cooperación, reducción del deseo erótico, que puede llegar, incluso, a la disfunción eréctil o a la anorgasmia.*
- *Reemplazo de las manifestaciones de amor por expresiones de aburrimiento, ansiedad, depresión, indiferencia o tristeza.*
- *Mayor cuidado en su aspecto físico que antes.*
- *Ya no discute ni le afecta lo que diga el cónyuge.*
- *Independencia: se cocina, lava su ropa, realiza sus actividades solo(a); no necesita nada del cónyuge; si trabaja, financieramente se siente seguro(a); tiene amigos o amiga con los que sale porque se siente libre.*

Por su parte, el otro cónyuge:

- *Cree que todo está normal y su matrimonio está bien en general.*
- *Se enfoca en la familia, finanzas, trabajo.*

- *Cumple con su función para sacar adelante los asuntos de la casa, hijos, finanzas, etc.*
- *Se encuentra cómodo y no hace esfuerzo alguno para conquistar a su cónyuge y cree que lo que da es suficiente.*
- *Cae en la rutina de hacer siempre lo mismo con su cónyuge, sin sorprenderlo.*
- *No hay una comunicación abierta.*
- *No escucha las advertencias de su cónyuge, ya que no cree que sea importante.*
- *Descuida el aspecto personal, sin experimentar nada diferente.*
- *No planea citas románticas, porque no las considera necesarias.*
- *Tiene confianza plena en su cónyuge y se siente seguro(a).*

✑ Receta 6: Ser confidentes (transparentes)

Declara lo siguiente a tu cónyuge: *Hoy reconozco y necesito fomentar la honestidad contigo, mi amor. Con la ayuda de Dios vamos a construir una relación de paz y verdad.*

Es necesario reconocer las debilidades, revelar las dudas, admitir los temores, compartir y sanar las heridas, expresar los sentimientos, confesar los fracasos, pedir ayuda y orar.

Anoten las áreas en las cuales necesitan ser honestos con ustedes mismos, con Dios y con el cónyuge. Oren por el día y la hora en que van a abrir su corazón el uno al otro. Recuerden que el único propósito para revelar lo oculto es para fomentar la sanidad de los dos, vencer las tentaciones e inducir el crecimiento en el amor, con la ayuda de Jesucristo.

Sin señalar ni juzgar, perdonen, avancen y dejen el pasado atrás.

"No juzguéis, y no seréis juzgados; no condenéis y no seréis condenados; perdonad y seréis perdonados".
Lucas 6:37 (RVR1960)

Esposo

_____

_____

_____

_____

_____

_____

_____

_____

Esposa

_____

_____

_____

_____

_____

_____

_____

_____

¿Guardan resentimientos?

Receta 7

"Cuando estén orando, primero perdonen a todo aquel contra quien guarden rencor, para que su Padre que está en el cielo también les perdone a ustedes sus pecados".
Marcos 11:25 (NTV)

Lili: Mi corazón herido se negaba a perdonar esa traición, yo lo amaba pero dudaba y mi mente no podía comprenderlo. Un día fui a la tienda a comprar alimentos, pero estaba tan pensativa, distraída, estresada, triste y decaída que mi cara y actitud lo reflejaban.

-¿Qué te pasa? —me preguntó la cajera, cuando estaba por pagar mis compras.

No podía mentirle. Necesitaba decirle a alguien lo que me estaba comiendo por dentro.

-Mi esposo me fue infiel —dije y comencé a llorar.

-Yo te aconsejo que lo dejes. No vale la pena. Eres joven, bonita y no necesitas a un hombre que te lastime. Te puedes volver a casar. ¿Tienes hijos?

-Aún no –contesté.

-Pues mucho mejor –añadió la cajera-. No tienes nada que te ate a él. ¡Déjalo! ¡Déjalo y serás feliz de nuevo!

Regresé a la casa meditando en lo que me había dicho aquella mujer, lo cual alentaba mis dudas y el valor para pedirle a Peter el divorcio. Comencé a orar a Dios pidiéndole sabiduría y que alejara la soledad, el dolor y la depresión en que vivía.

Para mí fue muy difícil digerir todo lo que representaba el pasado de Peter. Me sentía traicionada. Sin embargo, solo tenía dos opciones: seguir adelante con el divorcio o perdonarlo y darle una oportunidad.

Todos hemos pecado y cometido errores, pero cuando alguien peca contra nosotros es más doloroso y difícil perdonar. Nos gusta ser exonerados, pero se nos dificulta disculpar y olvidar.

Conocimos a Addy, quien tenía treinta años de casada, en un concierto de matrimonios. En esa ocasión se acercó a mí y dijo: "Usted no conoce a mi marido. Me lastimó tanto su infidelidad que nunca lo voy a olvidar". Le pregunté: ¿"Usted ha hablado con él al respecto?". Me contestó: "Se lo recuerdo cada semana al desgraciado para que no olvide el daño que me causó". A pesar de todo, la pareja seguía casada y viviendo juntos, seguramente en un ambiente muy hostil.

No podemos seguir aferrándonos a una falla del cónyuge, ni a esa herida que penetró nuestro corazón, ni a sus aspectos negativos. Si deseas que tu matrimonio siga adelante, la única opción es perdonar, olvidar el pasado y trabajar juntos para reconquistar el corazón del otro, con paciencia y tiempo. Hay que comenzar de nuevo.

Yo decidí dejar el pasado atrás y recomenzar con mi esposo una relación con mayor comunicación, atención, aceptación, perdón, confianza, respeto y apoyo. Sí, fui lastimada, herida, pisoteada, entre otras cosas, pero el amor va más allá, porque "todo lo soporta". Estaba dispuesta a mejorar mi matrimonio con ayuda de Dios y no regresar al mismo círculo vicioso.

¿Qué pasa cuando "no hay amor"? ¿El "ya no siento nada por mi cónyuge" se levanta como una barrera en medio de la pareja? Siempre hallarán a un culpable. Consideran que todo acabó y prefieren ser feliz con alguien más, porque es lo que está de moda. Han descuidado su matrimonio y no quieren luchar ni enfrentar las malas decisiones que han tomado ambos a través de los años.

La ruptura se acelera cuando alguno de los cónyuges tuvo ya una experiencia diferente con alguien más, ya sea emocional o físicamente, o una infatuación no real por medio de una red social y comienza a comparar al cónyuge con la otra persona y a ilusionarse.

Estas situaciones se convierten en una carrera difícil de ganar para el cónyuge que está dispuesto a luchar para conservar el matrimonio. Sin embargo, lo que realmente pasa es que el (la) esposo(a) infatuado(a) no conoce completamente a la otra persona ni ha vivido con ella, quien solo satisface el ojo o el oído del cónyuge desatendido y decepcionado. No advierte que esa tercera persona no vive el estrés del matrimonio, los problemas familiares comunes, ni las discusiones, ni sufre las necesidades en el hogar, porque su relación es como de novios.

¿Qué pasa cuando hay abuso físico y verbal? Todos podemos y tenemos la oportunidad de cambiar. Debemos buscar ayuda profesional para transformar esa situación, con la ayuda de Dios, y habrá un cambio a corto plazo. Los valores, el compromiso y la entrega que tengas determinarán una vida diferente.

Hemos aprendido a vivir el presente, el cual va dibujando nuestro futuro.

Peter: Es común que durante nuestra vida de casados lastimemos a nuestro cónyuge con alguna palabra o actitud negativa, haciéndole pasar un mal momento delante de otros, levantando la voz y ofendiendo, pero no significa que sea correcto.

Debemos ser sensibles a la voz del Espíritu Santo y reconocer nuestras equivocaciones, y también ser sensibles cuando nuestro cónyuge nos pide perdón, para disculpar y olvidar la ofensa. A veces decimos que perdonamos, pero solo es de palabra, no lo hacemos de corazón. De esta manera no vamos a avanzar positivamente en el matrimonio.

En una ocasión estábamos realizando un evento para matrimonios. Dimos un concierto y una conferencia. Después de que acabó nuestra presentación saqué la maleta donde portábamos nuestros productos -siempre preparamos una mesa con CDs, DVDs, libros y otros materiales para ofrecer en venta al finalizar nuestras presentaciones-. Al abrirla, lo que encontré dentro era nuestra ropa.

Me enojé tanto con Lili que comencé a levantarle la voz y le reclamé su equivocación cuando en el hotel me dijo que la maleta de los discos era esa. Me pidió disculpas por la confusión y reconoció que se había equivocado. Sin embargo, insistí en seguir recalcando su error.

En ese momento, quienes habían asistido al evento estaban ingresando al lobby y se acercaban a felicitarnos por la gran participación que habíamos realizado. Una pareja se acercó y nos dijo: "Se ve que ustedes jamás se pelean, ¿verdad, Peter n Lili?". Nosotros respondimos abrazados: "Amén, para la honra y gloria de Dios".

Tú y yo podemos engañar a los miembros de iglesia, compañeros de trabajo, amistades y a la familia (temporalmente); sin embargo, a Dios y a nosotros mismos no podemos engañarnos. La verdad siempre sale a la luz.

Un sabio anciano de Argentina platicaba con los miembros de su familia:

—¿Por qué las personas se gritan una a la otra cuando están enojados? —el anciano les preguntó.

—Porque perdemos la calma —respondió uno de ellos, después de pensar por un momento—. Por eso gritamos.

—Pero, ¿por qué gritar cuando la otra persona está a tu lado? —preguntó el anciano—. ¿Acaso no es posible hablarle en voz baja? ¿Por qué vociferar cuando te enojas?

Los hombres dieron algunas otras respuestas, pero ninguna de ellas satisfizo al anciano.

—Cuando dos personas se enojan —explicó el anciano —, sus corazones se alejan tanto que para reducir esa distancia gritan a fin de poder escucharse. Mientras más enojados estén, más alzarán el volumen de su voz para oírse uno al otro a través de esa gran distancia.

Los familiares escuchaban atentamente las palabras con que el sabio anciano describía el motivo por el cual las personas tienden a gritar cuando se enojan.

—¿Qué sucede cuando dos personas se enamoran? —preguntó una vez más el anciano —. Ellos no se gritan, sino que se hablan suavemente, porque sus corazones están muy cerca, por lo tanto la distancia entre ellos es muy pequeña. Mientras más enamorados más suave su voz es, hasta convertirse en susurros. Su amor los acerca tanto que llegan al punto en que no necesitan siquiera susurrar, ya que sus miradas son suficiente lenguaje. Así de cercanos están dos personas que se aman.

Cuando discutan —añadió el sabio—, no permitan que sus corazones se alejen. No se hieran con palabras que los distancien más. Llegará el día en que sea tanta la distancia que no encontrarán más el camino de regreso.

Los gritos pueden hacer sentir a la pareja devaluada y humillada, e incluso, con temor. Esto mina la confianza, el respeto y la admiración de uno hacia el otro, y engendra odio y resentimientos en sus corazones: es decir, destruye el amor. Para conservar la paz y la armonía en la pareja recuerden que deben disculpar las faltas del cónyuge, ya que no es necesario gritar cuando los corazones están juntos.

"El que quiere amar la vida y gozar de días felices, que refrene su boca de hablar el mal y sus labios de proferir engaños; que se aparte del mal y haga el bien; que busque la paz y la siga".
(Salmos 34:12-14 NVI)

¿Viven con rencores internos, infelizmente, deprimidos y ansiosos? Es momento de perdonar o pedir perdón. Pedir perdón requiere doblegarse a ustedes mismos y reconocer sus errores. Para perdonar es necesario hacer a un lado el orgullo y reconocer que el cónyuge se equivocó, aceptar su disculpa y olvidar la ofensa.

EL MILAGRO DEL PERDÓN

Una mujer que llevaba una muy mala relación con su esposo sufrió un paro cardíaco. Casi a punto de morir, tuvo un sueño: un ángel se presentó ante ella para anunciarle que su tiempo había terminado en la tierra. Ante tal situación se angustió mucho, pues sabía que tenía muchas cosas que arreglar con su marido.

La mujer le propuso al ángel que le diera una oportunidad para arreglar sus problemas. Él accedió y le permitió estar en la tierra un día más. La mujer regresó otra vez a su hogar junto a su esposo. El hombre no le dirigía la palabra porque hacía tiempo que estaban peleados.

– Me conviene hacer las paces con este hombre –pensó ella–. Ha estado durmiendo en el sofá y hace tiempo dejé de cocinarle. Él ahora está planchando la camisa que vestirá hoy para el trabajo. Le daré una sorpresa.

Ella empezó a lavar y planchar toda la ropa del esposo en cuanto él salió rumbo a su trabajo. Preparó una rica comida, puso flores y unos candelabros en la mesa. En el sofá colocó un cartel en el que había un mensaje escrito:

Creo que puedes estar más cómodo durmiendo en la cama que fue nuestra. Esa cama donde el amor concibió a nuestros hijos, donde tantas noches los abrazos cubrieron nuestros temores y sentimos la protección y la compañía del otro. Ese amor, aún con vida, nos espera en esa cama. Si puedes perdonar todos mis errores, allí nos encontraremos.

Tu esposa

Después meditó en las últimas palabras del mensaje, "si puedes perdonar todos mis errores".

-¿*Acaso me he vuelto loca? ¿Por qué debo pedir perdón cuando fue él quien llegaba enojado de la calle después de que perdió su empleo en la fábrica y no conseguía trabajo? Yo debía arreglármelas con los pocos ahorros que teníamos, además de soportar su ceño fruncido —recordaba ella, con amargura—. Después empezó a tomar y pasaba horas aplastado en el sillón, exigiendo silencio a los niños, que solo buscaban su atención y jugar con él. Luego comenzaron sus respuestas a gritos cuando le decía que no podíamos seguir así y que necesitaba dinero para mis hijos. Él lo arruinó todo, y ¿ahora yo tengo que pedirle perdón?*

Enfurecida rompió la carta y escuchó la voz del ángel.

-*Recuerda el trato que tenemos. Solo un día más de vida.*

— ¿*Valdrá la pena? —se preguntó.*

Reescribió la carta y agregó aún más palabras cariñosas:

> *No supe comprender nada entonces. No vi tu preocupación al quedarte sin empleo, luego de tantos años con un salario seguro en esa fábrica. ¡Debiste haber sentido tanto miedo! Ahora recuerdo tus sueños: "Cuando me jubile haremos…". ¡Cuántos proyectos deseabas realizar al jubilarte! Pude haberte impulsado a que lo lograras en lugar de obligarte a aceptar estar todo el día sentado en ese taxi.*
>
> *Ahora recuerdo aquella noche de locura cuando rompí esas cartas de amor que habías escrito para mí, y prendí fuego a todas las telas de los cuadros que pintabas. Me enfurecía verte allí, encerrado en ese cuarto gastando nuestro dinero en pomos de pintura o sentado en ese escritorio escribiéndome todas esas tonterías.*

*Debí haberte impulsado a vender esos cuadros.
Eran realmente hermosos. Estaba desesperada. Yo
también me sentía segura con el salario de la fábrica y
no supe ver tu dolor, tu miedo, tu agonía.
Por favor, perdóname mi amor. Te prometo que de
hoy en adelante todo será diferente. Te amo.*

Tu esposa

*Cuando el marido regresó del trabajo y abrió la puerta de su casa,
notó algo distinto: percibió olor a comida, vio velas en la mesa, su
música favorita sonando suavemente y encontró la nota en el sofá.*

*Cuando la mujer salió de la cocina con la jarra en la mano, lo
encontró reclinado en el sillón llorando como un niño. Dejó la
jarra. Corrió a abrazarlo. No necesitaron decir palabra alguna.
Lloraron juntos.*

*Él la alzó en sus brazos y la llevó hasta la cama. Hicieron el amor
con la misma pasión del primer día. Después comieron la exquisita
comida que ella había preparado y rieron mucho mientras
recordaban anécdotas graciosas de los niños y sus travesuras en la
casa.*

*Él la ayudó a levantar la mesa como siempre lo hacía. Mientras
ella lavaba los platos, vio por la ventana al ángel en el jardín.
Salió llorando y habló con él.*

*— Por favor ángel, intercede por mí —le rogó-. No quiero a este
hombre solo hoy. Necesito más tiempo para poder impulsarlo con
sus cuadros y tratar de reconstruir esas cartas que escribió con tanto
amor solo para mí. Te prometo que en poco tiempo él estará feliz y
seguro. Entonces podré ir donde me lleves.*

*— No tengo que llevarte a ningún lado, mujer —respondió el angel-.
Ya estás en el cielo, te lo has ganado. Recuerda el infierno donde
has vivido y nunca olvides que el cielo siempre está al alcance de tu
mano.*

En ese momento la mujer oyó la voz de su marido desde la cocina.

— Mi amor, hace frío, ven a acostarte. Mañana será otro día.

-Sí -pensó ella-, gracias a Dios, mañana será otro día.

‿ﾞᴆ Receta 7: Perdón

Si hoy fuera el último día de sus vidas, ¿cuáles serían los
motivos por los que pedirían perdón a su cónyuge?

Enlisten esas razones en los renglones siguientes.

"Soportándoos unos a otros, y perdonándoos unos a
otros si alguno tuviere queja contra otro. De la manera
que Cristo os perdonó, así también hacedlo vosotros".
Colosenses 3:13 (RVR1960)

Esposo

_____
_____
_____
_____
_____
_____
_____
_____

Esposa

_____
_____
_____
_____
_____
_____
_____
_____

¿Cuántas veces al mes?

Receta 8

"No se nieguen el uno al otro, a no ser de común acuerdo, y sólo por un tiempo, para dedicarse a la oración. No tarden en volver a unirse nuevamente; de lo contrario, pueden caer en *tentación de Satanás, por falta de dominio propio".

1 Corintios 7:5 (NVI)

Peter: Generalmente los hombres desean actividad sexual con mayor frecuencia que las mujeres. Ellos seguido buscan la oportunidad para hacer el amor. El problema no es que las mujeres no están interesadas en el sexo como ellos, sino que aquello que despierta el apetito sexual en ellas es diferente en los hombres.

La mayoría de los hombres somos estimulados con la vista o solo con el pensamiento o la imaginación. Ellas no funcionan de la misma manera. Hay factores claves que los hombres deben aprender y detectar para despertar el apetito sexual en ellas. Las caricias lentas, tomar el tiempo necesario, sin prisa, las palabras al oído, los besos y un masaje en todo el cuerpo son acciones que funcionan para estimular el deseo en ella.

Uno de los factores que casi nunca tomamos en cuenta es la ayuda en el hogar. En muchas ocasiones la esposa se encuentra muy cansada al final del día después de haber correteado en mandados, trabajo, hijos, limpieza, comida, sin haber tenido tiempo para relajarse y descansar. Cuando llega la noche está agotada. Es el momento preciso para acariciar su corazón e ir conquistándola.

Sin duda, la mayoría de los hombres llegan exhaustos del trabajo, sin ganas de echar una mano a su mujer con los quehaceres del hogar, pero debemos hacer un esfuerzo y cooperar, ya sea lavando platos, barriendo, aspirando la casa, tendiendo camas, ayudando a los hijos con las tareas o con alguna otra actividad. Entre más rápido ella termine con sus responsabilidades del hogar, tendrá más energía y tiempo para disfrutar con su esposo en la intimidad.

Otra acción efectiva es comenzar a acariciarla con palabras y detalles durante el día. Una llamada inesperada para decirle "te amo" o un mensaje de agradecimiento, no solo en el día que deseas intimidad con ella, sino efectuarlo frecuentemente y convertirlo en un hábito. De esta manera la vas a hacer sentir amada, protegida, consentida, especial. La mujer se entrega a un hombre así y le corresponde con buen trato y disposición.

Existen problemas que pueden impedir que una mujer disfrute las relaciones sexuales. Estos pueden ser la carencia de deseo sexual, incapacidad de lograr excitación, falta de orgasmo o clímax sexual, abuso sexual en la niñez o en el mismo matrimonio, relaciones sexuales dolorosas.

Tales problemas pueden tener causas físicas o psicológicas. Las causas físicas pueden incluir enfermedades como diabetes, insuficiencia cardiaca, trastornos nerviosos o problemas hormonales. Algunos medicamentos también pueden afectar el deseo y la función sexuales. Entre las causas psicológicas se hallan el estrés relacionado con el trabajo, la ansiedad, la depresión o las preocupaciones sobre problemas maritales o de relaciones.

Para algunas mujeres, el problema es resultado de traumas sexuales en el pasado. Los problemas ocasionales con la función sexual son comunes, sin embargo, si sus problemas duran más de algunos meses o generan angustia en usted o en su pareja, deben acudir a un profesional de la salud.

Lili: Para tener una conexión sexual primero debe haber una conexión emocional, lo cual requiere un esfuerzo de ambas partes.

Al hombre le gusta sentirse deseado y que la mujer lo busque en la intimidad, y que ella también tenga la iniciativa, acaricie su cuerpo y lo bese. La esposa también puede y debe insinuarle, promover la intimidad sexual, siendo detallista con él. Hemos visto tantos casos donde la mujer espera que el esposo la conquiste todo el tiempo y ella no hace nada por excitarlo y conquistarlo a él.

Al igual que en la mujer, existen problemas sexuales en los hombres, tales como disfunción eréctil, reducción o pérdida de interés sexual, problemas con la eyaculación, falla de los testículos para producir la cantidad normal de hormonas sexuales masculinas. El estrés, la enfermedad, los medicamentos o los problemas emocionales también pueden ser factores que afectan la sexualidad de un hombre.

La buena comunicación y la sinceridad son ingredientes indispensables para mejorar la relación y la intimidad sexual con la pareja. Pero no olviden buscar siempre la manera amable de decir lo que necesitan comunicar.

Una sabia y conocida anécdota árabe cuenta que en una ocasión, un Sultán soñó que había perdido todos los dientes. Después de despertar, mandó a llamar a un adivino para que interpretase su sueño.

-¡Qué desgracia, mi Señor! -exclamó el adivino-. Cada diente caído representa la pérdida de un pariente de vuestra Majestad.

-¡Qué insolencia! -gritó el Sultán enfurecido-. ¿Cómo te atreves a decirme semejante cosa? ¡Fuera de aquí!

El Sultán hizo venir a su guardia y ordenó que dieran cien latigazos al adivino. Más tarde ordenó que le trajesen a otro adivino al que contó lo que había soñado. Éste escuchó al Sultán con atención.

-¡Excelso Señor! Gran felicidad os ha sido reservada —dijo el segundo adivino al Sultán-. ¡El sueño significa que sobreviviréis a todos vuestros parientes!

El rostro del Sultán se iluminó con una gran sonrisa y ordenó que dieran cien monedas de oro al adivino. Cuando este salía del palacio se encontró a uno de los cortesanos del Sultán.

-¡No es posible! —dijo el cortesano al adivino-. La interpretación que diste al sultán sobre sus sueños es la misma que la del primer adivino. No entiendo por qué al primero le pagó con cien latigazos y a ti con cien monedas de oro.

-Recuerda bien, amigo mío -respondió el segundo adivino-, que todo depende de la forma en el decir. Uno de los grandes desafíos de la humanidad es aprender el arte de comunicarse.

"De la comunicación depende, muchas veces, la felicidad o la desgracia, la paz o la guerra. Que la verdad debe ser dicha en cualquier situación, de esto no cabe duda, mas la forma con que debe ser comunicada es lo que provoca, en algunos casos, grandes problemas.

"La verdad puede compararse con una piedra preciosa. Si la lanzamos contra el rostro de alguien, puede herir, pero si la envolvemos en un delicado embalaje y la ofrecemos con ternura, ciertamente será aceptada con agrado".

Hablar con franqueza con su pareja y su médico acerca de los problemas sexuales es el primer paso para devolver la salud sexual.

Con catorce años de matrimonio y tres hijos, Jaime y Mirella aparentaban ser una pareja estable y feliz. Sin embargo, cuando Jaime buscaba disfrutar de intimidad sexual con su esposa, ella siempre expresaba alguna excusa para evitarlo, fuera cansancio, dolor de cabeza o la menstruación que le duraba dos semanas.

Jaime tenía que buscar satisfacerse sexualmente, masturbándose por lo menos dos veces a la semana para poder liberar la tensión. A veces transcurrían dos o tres meses sin intimidad sexual y, si bien le iba, una vez al mes.

Los dos amaban a Dios y tenían responsabilidades en su iglesia, sin embargo, su relación matrimonial era un fracaso. Jaime intentaba comunicarse con ella respecto a lo sexual, pero era un tema que a ella no le interesaba.

Un día Mirella sorprendió a Jaime viendo pornografía, se puso furiosa y amenazó con dejarlo. Jaime le pidió perdón, le suplicó que le diera otra oportunidad y le propuso buscar ayuda profesional, a lo cual ella accedió. La terapia duró tres meses, durante los cuales ambos debieron abrir su corazón y hablar de sus sentimientos más íntimos.

El siguiente es un resumen de los aspectos más importantes de la terapia. Primero veremos lo que Mirella platicó con el terapista:

Terapeuta: ¿Podrían describir el problema?

Mirella: La verdad es que siempre estoy cansada y no tengo tiempo para pensar en eso. Trabajo y paso mucho tiempo con mis hijos, sus actividades de la escuela y tareas.

Terapeuta: ¿Cuándo percibió por primera vez el problema?

Mirella: Desde que nos casamos he experimentado solo un orgasmo al estar con mi esposo en la intimidad.

Terapeuta: ¿Ha empeorado la situación con el paso del tiempo?

Mirella: Sí, porque Jaime siempre me insiste en tener relaciones, las cuales disfruto menos cada vez porque sé que solo él se satisface y yo no alcanzo un orgasmo. Ahora siento que ya no tengo paciencia para eso.

Terapeuta: ¿Por qué decidió acudir a la terapia sexual ahora?

Mirella: Encontré a mi marido viendo pornografía. Me molesté mucho con él. Me rogó que lo perdonara y viniéramos a terapia sexual. La verdad, el del problema es él, no yo.

Terapeuta: ¿Cómo afecta este problema otros aspectos de su relación?

Mirella: Sí afecta porque no tenemos intimidad emocional y nos hemos convertido en dos desconocidos viviendo bajo el mismo techo.

Ahora veamos la conversación de Jaime con el terapeuta:

Terapeuta: ¿Podría describir el problema?

Jaime: Bueno, mi esposa me tiene abandonado sexualmente. Ya no sé qué hacer para tener intimidad sexual con ella. Siempre está ocupada y cansada.

Terapeuta: ¿Cuándo percibió por primera vez el problema?

Jaime: Tenemos unos doce años que se enfrió la intimidad. Desde que nació nuestro primer hijo las cosas cambiaron dramáticamente y han ido empeorando cada vez más.

Terapeuta: ¿Siente usted que satisface a su esposa sexualmente?

Jaime: Pues ahora me entero que no, por lo que acaba de describir ella.

Terapeuta: ¿Entonces usted no se daba cuenta de que ella no quedaba satisfecha sexualmente?

Jaime: Yo pensaba que sí, porque ella me decía que ya había llegado al clímax.

Mirella: Lo que pasa es que siempre he fingido que llego al orgasmo.
Pero no es así.

Terapeuta: Jaime, ¿cómo satisface su deseo sexual si su esposa se niega a tener intimidad sexual con usted?

Jaime: He caído en la estimulación solitaria y, de unos seis meses para acá, estoy masturbándome con pornografía. Por ese motivo me siento muy mal con Dios, pues soy líder de la iglesia y tengo mi consciencia muy sucia.

Terapeuta: ¿Usted experimenta deseo sexual, Mirella?

Mirella: Admito que sí deseo tener sexo, quizás no con la frecuencia que Jaime quisiera. Solo que me siento muy frustrada.

Terapeuta: ¿Y cómo satisface su deseo?

Mirella: Debo admitir que también me he estimulado el clítoris sola en varias ocasiones.

Terapeuta: ¿Con qué frecuencia?

Mirella: Pues por lo menos una vez al mes.

Terapeuta: Gracias por ser honestos y abiertos al tema. Es el primer paso para mejorar su relación sexual, la cual requiere disciplina y reprogramar su mente, pues lo que han practicado todos estos años obviamente no les ha funcionado. Quiero darles información que los ayudará a mejorarla.

Primero deben conectarse emocionalmente, volver a ser novios, sorprenderse, pasar juntos tiempo a solas, reconquistarse y, los más importante, mejorar su comunicación. Sin la conexión emocional, su relación sexual no mejorará.

El segundo paso es conocer su propio cuerpo para poder explicar a su cónyuge cuáles son las zonas erógenas, donde sienten placer y les gustaría que su pareja les toque y acaricie. Esta es una lista de ejemplos, aunque ustedes son los mejores consejeros de su persona:

1. El cabello: *El masaje del cuero cabelludo produce un relajamiento muy placentero, por lo que resulta recomendable al comienzo y al final del acto sexual.*

2. La boca: *La sensibilidad de los labios aumenta con la excitación haciéndolos muy sensibles al roce y la caricia de otros labios.*

3. Las orejas: *Son partes muy sensibles del cuerpo y, en contra de la creencia general, las de los hombres suelen serlo más que las de las mujeres. Hay dos partes muy sensibles en los dos sexos: el lóbulo de la oreja y la parte trasera.*

4. Pechos: *El pecho del hombre responde sexualmente, pero con menos intensidad que el de la mujer. Los senos de una mujer son muy sensibles y son un centro de placer femenino.*

5. Pies: *Los pies están llenos de terminaciones nerviosas que proporcionan sensaciones muy placenteras.*

6. Los brazos: *En las axilas y la parte interna del antebrazo. Tanto los brazos como las manos se pueden estimular usando la punta de la lengua.*

7. La espalda: *A los lados de la columna vertebral*

8. El vientre: *alrededor del ombligo (en mujeres), y entre el ombligo y el pubis (en hombres).*

9. La vagina: *La entrada de la vagina es rica en terminaciones nerviosas y reacciona con intensidad a toda clase de caricias.*

10. El clítoris: *Es la parte más sensible sexualmente y, para muchas mujeres, la más fácil de estimular. Es vital para alcanzar el orgasmo.*

11. El pene y testículos: *Son zonas extremadamente sensibles en un hombre y, por lo tanto, donde experimenta las sensaciones más intensas y placenteras. Cada zona del pene tiene relación con áreas del cuerpo del hombre y, por lo tanto, de sensaciones distintas.*

Sepan que suele ser más frecuente que las mujeres alcancen el orgasmo mediante la estimulación del clítoris que solo con la penetración vaginal. Aún más, muchas mujeres pueden alcanzar el orgasmo con relativa facilidad cuando su pareja las está penetrando y simultáneamente ella o su pareja estimula el clítoris. Esta es una situación completamente normal, ya que el clítoris es una zona erógena llena de terminaciones nerviosas cuya función es precisamente la de ayudar a la mujer a experimentar placer genital y generar orgasmos.

Según estudios realizados por The Kinsey Institute, organización dedicada a la investigación de la sexualidad humana, es más probable que los hombres tengan orgasmos durante la penetración vaginal, mientras que las mujeres tienen mayor probabilidad de experimentar un orgasmo cuando en el acto sexual se incluye sexo oral y vaginal.

Muchas mujeres sienten preocupación y se preguntan si son normales porque no logran orgasmos exclusivamente con estimulación del pene en la vagina. Posiblemente comparan su funcionamiento con el masculino, y en este sentido, tal vez la clave consiste en saber que el clítoris es el órgano que pone en marcha el reflejo del orgasmo.

Por otra parte, el cuerpo de la mujer es capaz de sentir placer sensual en toda su extensión, más allá de la zona genital, y se extiende a los senos, cuello, boca, espalda, pies, muslos y demás zonas erógenas.

Es importante tomar en cuenta que la mujer promedio necesita de estimulación directa en el clítoris para alcanzar el orgasmo, o un coito largo y fuerte. Las mujeres que solo necesitan de una breve penetración para alcanzar el clímax son mucho menos frecuentes.

Elabore cada uno una lista de lo que les gustaría hacer en la cama; cómo les gustaría que los toquen y hablen; qué poses son más cómodas; qué los excita más, qué horarios son más convenientes y con qué frecuencia. Después de escribirlo, hablen de ello y lleguen a un acuerdo que beneficie a ambos.

✍ Receta 8: satisfacción sexual mutua

Es un tema que con frecuencia no se aborda abiertamente en el matrimonio. Sean respetuosos al hablarlo y declarar sus gustos y necesidades. No se ofendan cuando el cónyuge le mencione algo que no disfruta. Escuchen y hagan el cambio para mejorar en área sexual.

"¡Bendita sea tu fuente! ¡Goza con la esposa de tu juventud! Es una
gacela amorosa, es una cervatilla encantadora.
¡Que sus pechos te satisfagan siempre!
¡Que su amor te cautive todo el tiempo!"
Proverbios 5:18-19 (RVR1960)

Esposo

_____

_____

_____

_____

_____

_____

_____

_____

Esposa

_____

_____

_____

_____

_____

_____

_____

_____

Pónganse los pantalones
Receta 9

"Maridos, amad a vuestras mujeres, así como Cristo amó
a la iglesia, y se entregó a sí mismo por ella".
Efesios 5:25 (RVR1960)

Ha llegado el tiempo, este es el momento de que se
pongan los pantalones. Esto no significa gritar, ser
autoritario, machista, grosero, enojón, gruñón, mucho
menos golpeador, ni imponer su voluntad para
demostrar quién manda. Ponerse los pantalones es amar,
dirigir, levantar, acariciar, corregir.

El árbol de los problemas

*Roberto contrató a un carpintero para que le ayudara a reparar la
granja. Después de terminar la labor en su primer día de trabajo,
el carpintero subió a su viejo camión para regresar a su hogar. Las
cosas, sin embargo, no le habían salido muy bien ese día: su
cortadora eléctrica se había dañado, por lo que perdió una hora de
trabajo; y cuando ya había terminado su día de labor y quiso
encender su antiguo camión para regresar a casa, este se negó a
arrancar.*

Para aliviar un poco su frustración, Roberto le ofreció llevarlo. El carpintero permaneció en silencio durante todo el trayecto, no obstante, cuando llegaron a su casa lo invitó a pasar para presentarle a su familia.

Mientras se dirigían a la puerta, se detuvo brevemente frente a un pequeño árbol y tocó las puntas de las ramas con ambas manos.

Cuando se abrió la puerta, ocurrió una sorprendente transformación: su bronceada cara, antes seria y pensativa, ahora sonreía dulcemente. Abrazó a sus dos pequeños hijos y besó a su esposa con ternura. Era obvia la alegría con que su familia lo recibió.

Cuando Roberto salió de la casa para regresar a su granja, el carpintero lo acompañó hasta el auto. Cuando pasaron cerca del árbol, Roberto sintió curiosidad de saber la razón por la cual lo había tocado.

-¿Por qué se detuvo a tocar las puntas de las ramas del árbol antes de entrar a su casa? —preguntó al carpintero.

-Ese es mi árbol de problemas —respondió él-. Sé que no puedo evitar tener problemas, pero no pertenecen a la casa ni a mi esposa ni a mis hijos. Así que simplemente los cuelgo en el árbol cada noche cuando llego a casa y cambio mi actitud. En la mañana los recojo otra vez, pero para entonces ya no son problemas, sino solo gajes del oficio.

Roberto se quedó sorprendido y a la vez admiró la actitud del carpintero.

Para llevar un liderazgo digno en el hogar debemos recurrir a nuestro modelo, el cual es Jesucristo.

Si sus esposas los callan delante de la gente, sus finanzas están por los suelos o sus hijos no los respetan y viven en desorden, es el resultado de no ser *el hombre del hogar* al cual Dios los llamó a ser. Para lograr ser guía de sus hogares, respetados y exitosos, es necesario entender y practicar un aspecto muy importante e interesante en la manera cómo Jesús desempeñó su liderazgo: Nunca impuso su liderazgo a nadie.

Hablemos de algunas responsabilidades:

1) El profeta del hogar: Proclama la Palabra del Señor.
Pónganse los pantalones en el área espiritual. Sea cada uno de ustedes el guía, quien busca y dirige; el que reúne a su esposa e hijos para llevar a cabo el devocional y meditar en la Palabra de Dios. Esto implica que deben tomar la iniciativa y hacerlo, aun si creen que sus esposas son más espirituales que ustedes.

Podrán encontrar mil pretextos, pero si no proclaman la Palabra a sus familias, están renunciando voluntariamente a una de las responsabilidades principales de liderazgo en sus hogares.

2) El sacerdote: Orar por su hogar.
Necesitan desarrollar el hábito diario de interceder y clamar a Dios por la bendición en su hogar. Oren por su esposa y por sus necesidades, y atiendan su corazón. Cuando sus hijos están pasando por problemas traumáticos de cambio, intercedan por ellos, consuélenlos, abrácenlos.

Muestren amor a su familia. Hagan declaraciones de abundancia, prosperidad, paz y amor en su hogar. Esta función no es una opción, es una obligación.

3) Dignidad en ser rey: Como reyes de la casa, en ustedes recae la responsabilidad tenaz de dirigir a su familia en la toma de decisiones sabias, para el cumplimiento del propósito de Dios en la misma. Cuiden sus finanzas, sus ahorros y sus planes para el retiro y para el pago de estudios universitarios de sus hijos.

Esto no quiere decir que se sienten en el trono y gobiernen en solitario, sin hacer caso a las opiniones de la esposa y la ignoren sin prestar atención a lo que ella tiene que decir. Al contrario, sienten a la reina a su lado para planear, escuchar y elaborar planes tomados de la mano.

Ponerse los pantalones es actuar como Cristo lo hace con su amada Iglesia.

Nos hemos puesto modelos equivocados de cómo debe ser un hombre. Quizás sus padres no fueron hombres amorosos o nunca tuvieron una imagen paterna. Tal vez son manipuladores, fríos, sin compasión, sin humildad, orgullosos, iracundos; todo les molesta; no les gusta que las esposas opinen.

Por otro lado están los hombres que se asemejan a un trapo viejo, cuyas esposas los gobiernan, los hijos los manejan a su antojo y nadie los respeta. Sus madres los tratan como a niños. No tienen iniciativa propia, por el contrario, esperan a que la esposa tome las decisiones importantes. Son tal vez como "un cero a la izquierda".

La mayoría de los hombres que entran en esta clasificación tuvieron una mamá muy dura, exigente, perfeccionista, cuyo esposo no tuvo "los pantalones" para dirigir el hogar. Muchos de esos hombres se casan con una mujer parecida a su mamá.

Pero no hay pretexto para no cambiar la historia de su vida, matrimonio y familia. Quizá se pregunten: "¿Cómo lo hago?". La respuesta es "Sométanse a Dios y desarrollen su labor de hombre de la casa". Esto no solo cambiará su persona, sino también su vida en el hogar y en el trabajo; lograrán realizar más proyectos y planes exitosamente.

Necesitan aprender a conocerse a sí mismos y saber qué piensan de ustedes sus esposas. Traten de ver más allá de sus pensamientos. Pídanles a ellas sugerencias de acciones que pueden realizar como líderes de su hogar. No tomen a mal si les señalan algún cambio que ustedes deban hacer. A veces lastima saber la verdad. Deben dejarse ayudar y quién mejor que las esposas para darles algunas sugerencias.

⁓ Receta 9: El esposo, sacerdote del hogar

En las siguientes líneas las esposas podrán escribir algunos aspectos que ayudarán a los esposos a desempeñar mejor su papel de jefes de familia. Analícenlos y oren pidiendo la dirección divina.

Ustedes, esposos, también identifiquen aspectos que necesitan mejorar para ganarse el respeto de sus esposas e hijos, y lo qué les gustaría lograr como hombres, esposos y padres. Escríbanlos en las líneas de abajo. Mientras lo hacen, no olviden ser, ante todo, honestos, no se engañen a ustedes mismos y dejen el orgullo a un lado.

"Las casadas estén sujetas a sus propios maridos, como al Señor; porque el marido es cabeza de la mujer, así como Cristo es cabeza de la iglesia, la cual es su cuerpo, y él es su Salvador".
Efesios 5:22-23 (RVR1960)

Esposo

_____

_____

_____

_____

_____

_____

_____

_____

Esposa

_____

_____

_____

_____

_____

_____

_____

La súper mujer
Receta 10

"Y dijo Jehová Dios: No es bueno que el hombre esté
solo; le haré ayuda idónea para él".
Génesis 2:18-23 (RVR1960)

¿Qué buscan los esposos en sus esposas? Esposas, ¿qué
buscan o esperan de sus esposos? ¿Poseen ustedes las
cualidades que los complementarán unos a los otros en
sus matrimonios y las convertirán en parejas estables y
felices?

La mujer perfecta
(adaptado)

Dos amigos conversaban acerca de sus vidas.

— ¿Alguna vez pensaste en casarte?- preguntó el primero.

*— Sí, lo pensé —respondió el segundo—. En mi juventud
busqué a la mujer perfecta para ser mi esposa. Conocí a
una joven muy espiritual y linda, pero que no sabía nada de
las cosas de este mundo.*

Continué buscando y encontré a una mujer espiritual con principios morales muy firmes y que sabía del mundo, pero no era bonita.

Por fin encontré a la mujer que buscaba. Era bella físicamente, mujer de fe y conocedora de la realidad material.

– ¿Y por qué no te casaste con ella?

– ¡Ay, amigo mío! Lamentablemente ella también quería un hombre perfecto.

Ninguna de nosotras es perfecta, pero podemos convertirnos en la esposa idónea. Para lograrlo analicemos aspectos importantes en la pareja.

Algunos piensan que la mujer es una sirvienta y por ser ella quien da a luz a los hijos, debe cuidarlos, además debe estar disponible las veinticuatro horas del día para satisfacer el apetito sexual del marido. Incluso, no le otorgan ni voz ni voto en las decisiones del hogar.

Sobre la esposa recae una gran responsabilidad para que el hogar funcione y camine en orden. Es llamada a ser consejera y ayuda del marido. Dentro de sus multifacéticas funciones, sus opiniones y consejos deben ser escuchados y tomados en cuenta. La esposa tiene voz y voto.

Es necesario que los cónyuges desarrollen una buena comunicación para que tomen decisiones sabias en el hogar.

La responsabilidad prioritaria de la mujer es buscar a Dios y su dirección. Si así lo hace obtendrá el discernimiento necesario para edificar el hogar junto a su esposo. *"La mujer sabia edifica su casa; mas la necia con sus manos la derriba"* (Proverbios 14:1 (RVR1960). Debe buscar momentos a solas con Dios para enriquecer su vida espiritual y adquirir el temor de Dios, que le dará sabiduría para desempeñar con virtuosismo su papel de esposa.

Un mal consejo de parte de la esposa, muy probablemente llevará el matrimonio por el camino equivocado con consecuencias devastadoras. La influencia de la mujer es vital para el marido. Su ánimo va a influir en él cuando se sienta desanimado y tentado a darse por vencido si las cosas no marchan bien, ya sea en el trabajo o en los estudios, o cuando esté a punto de perder la paciencia con los hijos.

Si las esposas no actúan a tiempo, sus maridos pueden flaquear en sus responsabilidades como esposo y padre. El viejo y conocido refrán declara algo muy cierto: "Al lado de un gran hombre hay una gran mujer".

Proverbios 31:10-31 contiene un resumen de la mujer virtuosa:

1) Su estima sobrepasa las piedras preciosas
2) el corazón de su marido está en ella confiado
3) ella le aporta bien y no mal
4) es trabajadora
5) alimenta a su familia
6) hace negocios
7) toma decisiones

8) ayuda al necesitado
9) viste a su familia
10) no tiene miedo al futuro
11) habla con sabiduría
12) sus hijos y su marido la alaban
13) teme a Dios
14) es corona de su marido

Esposas, tomen hoy la responsabilidad que debe acompañar a la mujer virtuosa. Que el fruto de sus esfuerzos y trabajo se note. Que su limpieza y organización muestren los resultados de una mujer de Dios.

Sirvan a su familia con amor. A veces las mujeres caemos en el cansancio del servicio y lo expresamos de mala gana o con fastidio. *"¿Otra vez tienes hambre? ¡Trágatelo pues! Tú no tienes llenadera"* son frases que pueden salir de nuestras bocas.

No es malo comunicar el cansancio y las preocupaciones, pero la manera como lo hagan moldea su carácter y marca la relación con sus maridos. Podrían decir: *"Mi amor, estoy muy cansada. ¿Podríamos ordenar la cena para llevar a casa por esta ocasión?".*

Sin duda alguna, en algún momento se han desanimado. Quizá no les han permitido hablar, opinar ni servir con dignidad. Pero Dios está cambiando y transformando también el corazón de sus maridos. Y ustedes, esposos, pongan atención.

Lili: Cuatro años sufrí de ansiedad y depresión. Fue una etapa muy terrible en mi vida y para mi matrimonio. Me dejé dominar por mis emociones negativas, perdí el enfoque y estuve a punto de perder mi matrimonio a causa de esta terrible situación.

Toda tensión, ansiedad y depresión no surgen de la nada. Tienen un origen, ya sea emocional o por algún desequilibrio químico, hormonal, alimenticio.

Las emociones, tensiones y ansiedades desempeñan una función en cada persona, especialmente en las mujeres. No podemos dejarnos dominar por nuestras emociones, pues son fluctuantes constantemente: *Hoy* sí *quiero*, *mañana no quiero*. Si tienen una discusión, la mujer se aleja y se pegunta «¿Por qué me casé con él?», o no quiere que él la toque o muestra otras reacciones negativas.

La mujer se deprime cuando las emociones o situaciones la han agobiado y preocupado; cuando hay culpabilidad, resentimiento y temor del presente o el futuro.

La Biblia, en 2 Timoteo 1:7 (NBD), afirma: *"Porque Dios no nos ha dado un espíritu de temor, sino de fortaleza, amor y dominio propio"*. Si tienen miedo, no es de Dios. Enfrenten las situaciones con madurez y confianza en el Padre, quien siempre está a su lado. Él nos ha comprado con su sangre, valemos mucho y nos adopta como sus hijas. Él trae paz a nuestra vida. Llénense de su Palabra y sus promesas, que son verdaderas y, además, nuestras.

¡Un día a la vez, amigas! Nuestro Padre celestial nos comprende y desea que nuestras vidas produzcan frutos buenos en todas las áreas en que nos desenvolvamos.

Por su parte, el hombre, aunque actúa diferente, también puede vivir influido por sus emociones: sueña con un puesto más alto en su trabajo, gasta mucho o desea poseer una casa más grande, un carro último modelo o más dinero. Pensar así y desearlo para su familia no está mal; no obstante, puede llegar a perder el enfoque de la realidad e, inclusive, perder a su esposa por el mal manejo de sus finanzas.

Debe guardar un equilibrio, por lo que necesita saber administrar sus finanzas y utilizar las herramientas necesarias para lograrlo. Si no es así, Dios nos enseña cómo organizarnos en lo económico.

Tener un ahorro y planear el retiro son acciones que deberían ser consideradas y analizadas, para estar preparados para el futuro. El hombre también debe ser paciente para lograr las metas. Se requiere esfuerzo y sacrificio, no solo en esta área que es una de las principales fuentes de conflicto en el matrimonio, sino en otros aspectos importantes.

ᦉ Receta 10: La mujer, ayuda idónea

Esposas, pregúntenle a sus esposos qué cualidades potenciales ven en ustedes y pídanles que las escriban en las siguientes líneas. Tal vez no han logrado algunas de ellas aún y se sienten frustradas por ello. Pero deben tener ánimo y pensar en el gran beneficio que recibirán sus matrimonios y familias cuando hayan alcanzado ese desarrollo.

Asimismo, elaboren una lista de lo que les gustaría lograr dominar en sus propios caracteres como esposas, profesionistas, empresarias y madres, entre otras.

Esposo

_____

_____

_____

_____

_____

_____

_____

_____

Esposa

_____

_____

_____

_____

_____

_____

_____

_____

Manos a la obra
Receta 11

"Os ruego, pues, hermanos, por el nombre de nuestro Señor Jesucristo, que habléis todos una misma cosa, y que no haya entre vosotros divisiones, sino que estéis perfectamente unidos en una misma mente y en un mismo parecer".
(1 Corintios 1:10 RVR 1960)

Durante la lectura de este libro, seguramente han recordado situaciones personales y han aprendido *La receta del amor.* También habrán analizado su vida y, con honestidad, habrán escrito en cada receta los cambios necesarios que deben realizar en su relación, en ustedes mismos y sus parejas.

Tal vez se han visto reflejados en muchos de los ejemplos y ya han comenzado a practicar las recetas. Quizás se hallan motivados para cambiar y mejorar su vida personal, espiritual y físicamente, a fin de mejorar sus matrimonios.

Si ya lograron lo anterior, ahora es tiempo de promover un **ambiente de amor** en casa.

Lili: La vida cotidiana nos trae diferentes retos, estrés o situaciones inesperadas que debemos enfrentar. Los hijos pueden convertirse en parte de ello, ya que al pasar por diferentes etapas necesitarán nuestra comprensión.

Debemos orientarnos para entender sus sueños, intereses y frustraciones; mejorar nuestra comunicación con ellos y escucharlos sin reprochar sus errores; promover la honestidad y ser pacientes con ellos. Todo esto mejorará la relación con los hijos y disminuirá la preocupación de no saber qué pasa en sus vidas.

Debemos disciplinarlos en el momento adecuado y necesario, con amor y firmeza, sin emociones desbordadas por el enojo o la frustración provocado por su desobediencia.

Debemos actuar con madurez y firmeza y, a la vez, permitir que nuestros hijos experimenten las consecuencias no agradables de sus actos y decisiones. A los padres nos corresponde guiarlos y ayudarlos a tomar mejores decisiones desde pequeños. También necesitamos dejarlos disfrutar los logros y resultados positivos de sus buenas decisiones; asimismo, celebrarles y expresarles el buen trabajo que realicen.

Los hijos también traen preocupaciones y estrés que afectan el matrimonio. Padres, mantengan una comunicación abierta entre ustedes sobre el tema de los hijos. Hablen sobre los planes junto con ellos. No dejen que los enojos internos y frustraciones maten el ambiente de amor en casa.

Es muy importante estar de acuerdo en la forma como los educan, los horarios, la alimentación y los principios que enseñen a sus hijos, a fin de permanecer con un mismo enfoque y mismo objetivo para lograr una familia fuerte, con la ayuda divina.

Frecuentemente los esposos regresan a casa estresados, cansados o preocupados por el trabajo, la aglomeración del tráfico. Hay esposas que no tomamos en cuenta las circunstancias por las que ellos atraviesan, y los recibimos con quejas y alzando la voz: "¿Por qué llegas a estas horas?, ¿pues hasta dónde trabajas?, ¿qué te pasa?, ¡nada sirve aquí en esta casa!, ¡mira tus hijos, desobedecen en todo!, ¡ayúdame con ellos!, se quejan de todo y ya estoy harta".

Las palabras ásperas y de reproche, los gritos y las quejas vuelven hostil el ambiente del hogar, lo que se repetirá en la vida de nuestros hijos porque nosotros lo creamos y ellos siguen nuestro ejemplo.

Esposas, traten a sus esposos con amor y respeto, recíbanlos con un abrazo, un beso y palabras que los animen y alegren. Siéntenlos en el sofá, quítenles los zapatos y masajeen sus pies. Promuevan un ambiente de amor en casa.

Peter: No soy muy inclinado a cocinar, sin embargo, a veces he sorprendido a Lili con el desayuno en la cama. Y aunque realmente lo he hecho poco en estos diecisiete años de casados, sí me he encargado de la cocina en varias ocasiones, especialmente cuando Lili ha estado enferma.

Recuerdo la primera vez que lo hice. Ella había dado a luz a nuestro primogénito, Jordano, y yo le prometí cuidarla y alimentarla en el periodo de recuperación. El primer día me levanté a hacerle desayuno, se lo llevé a la cama, le ayudé con el bebé y limpié la cocina. Terminé parte de los quehaceres y me dispuse a relajarme un rato.

-Lili —le dije a mi esposa-, voy a sentarme a ver la televisión un rato para descansar.

-Antes que hagas eso —respondió ella-, necesitas comenzar a preparar la comida.

Seguí sus instrucciones y realicé el mismo procedimiento que en la mañana.

-«Ahora ya puedo descansar y por fin ver un poco de televisión» —pensé cuando terminé.

-Amor, necesitas preparar la cena — dijo Lili justo cuando acababa de sentarme a disfrutar un poco de televisión.

*No podía creer que todo el día se me había ido en cocinar,
barrer y trapear el condominio donde vivíamos. Sin
embargo, el tiempo no me había alcanzado para salir a
comprar despensa, lavar los baños, arreglar las camas,
sacar la basura, sacudir el polvo, entre otras cosas de mi
lista.*

*-«¡Qué horror! ¿Cómo hacen ellas para realizar todo en un
día?» –pensé intrigado.*

Amigo, debemos ponernos en los zapatos de la
mujer y cooperar de buen agrado en parte de sus
tantas ocupaciones para que su trabajo en el hogar
sea menos pesado. Tú y yo podemos cooperar en
la creación de un ambiente de amor, siendo
sensibles y acomedidos.

No todo es felicidad, ni todos los días nos levantamos
sonriendo. Es imposible estar de buen humor todo el
tiempo. Reconozcamos que no somos perfectos y que
fallamos, nos enojamos, gritamos, nos desesperamos y
muchas veces perdemos el control de nuestro carácter
explosivo.

Todos explotamos. Unos lo demostramos y
exteriorizamos con gritos y presionando con palabras
fuertes; otros lo hacemos por dentro, guardando enojo y
resentimiento sin decir palabra, por días, y permitimos
que el rencor permanezca incluso por meses o años.

Cuando tengan que reprender, llamar la atención o señalar algo de importancia en el hogar, exprésenlo con amor y paciencia hacia el cónyuge, en un ambiente agradable y amable.

⤜❧ Receta 11: Ambiente de amor

¿Cómo puedo crear un ambiente de amor? La respuesta está en el corazón de cada uno. Todos ustedes conocen y saben en qué área necesitan trabajar, qué cambios les gustaría ver en sus parejas o realizar en ustedes mismos, y qué ambiente les gustaría que se respirara en casa.

"¡Mirad cuán bueno y cuán delicioso es habitar los esposos juntos en armonía!"
(Salmos 133:1 NVI, adaptado)

En cada receta fomentamos la COMUNICACIÓN, que es un ingrediente vital para cada una de ellas. Por ello escriban cinco aspectos en que cada uno de los cónyuges desea ver un cambio para crear un ambiente de amor en el hogar.

Esposo

_____

_____

_____

_____

_____

_____

_____

_____

Esposa

_____

_____

_____

_____

_____

_____

_____

_____

Referencias

http://www.biblegateway.com

His Needs, Her Needs: Building an Affair-Proof Marriage by Willard F.
Harley
MEBPI-Boletines Pastorales (2011)

https://groups.google.com/forum/#!topic/cubayoruba/4Ly8oL8oNXU

http://www.anecdonet.com/2008/06/08/la-cajita-secreta-para-
mantener-un-matrimonio-fuerte/

http://cuentosqueyocuento.blogspot.com/2007/11/los-tres-
consejos.html

(http://www.rinconpsicologia.com/2011/03/el-desenamoramiento-los-
sintomas-que-lo.html)

www.sexo.about.com - Por Marianne Leyton Lemp Experto Sexual

www.nhlbi.nih.gov Sobre Peso y Obesidad

Colegioaltamira.cl Tabla de IMC según la OMS 2008

https://jcvives.wordpress.com/2011/04/25/el-milagro-del-perdo-n-una-
historia-de-perdon-autor-anonimo/

http://renuevo.com/reflexiones-el-rey-sin-dientes.html

https://sites.google.com/site/losmundosdelar/desde-mi-
3/orientales/cuento-tibetano-porque-la-gente-se-grita